Édito

Revoici les vacances
et, avec elles, l'habituel co[illegible]
de misères et d'ennuis :
bronzette sous un soleil caniculaire,
longues soirées horriblement douces,
chaises longues à déplier
et replier sans fin,
interminables parties de football
avec les copains…
Un calvaire, on vous dit...

Et, comme si ce n'était pas assez dur,
on vous a sadiquement mitonné
un programme d'enfer avec :
**le Petit Spirou, Cédric, Mélusine,
Garage Isidore, Cupidon,
les Crannibales, Passe Moi L'Ciel
et Ludo.** Aaargh....

Mais ce n'est pas tout !
Pour vous achever définitivement,
on y a rajouté plein de jeux délirants
avec **la Petite Lucie, Pic et Zou,
Le Démon du Jeu, les Jeux d'Enfer**
(on ne pouvait pas rater ça !)
et bien d'autres.

Alors,
on a toujours
envie de rire?

SPIROU

Le Petit Spirou

Tome & Janry

GÉNIAAAAAL ! C'EST PLEIN D'ORDURES !
DANS LE COFFRE, 'Y A LES AFFAIRES DE GRAND-PAPA QUAND IL ÉTAIT COMIQUE TROUPIER.
REGARDE ! C'EST PLEIN DE DÉGUISEMENTS !
WAAAA ! UN TURBAN ! COMME LES VRAIS MAHARADJAS !
?
TU AURAS LA TÊTE ÉCRASÉE PAR MON ÉLÉPHANT, INFIDÈLE !
DONNE ! C'EST POUR MOI !
RIEN À FAIRE ! JE L'AI VU LE PREMIER !
C'EST MON GRAND-PÈRE ! T'AS QU'À TE DÉGUISER EN VACHE SACRÉE !
... ET TOI EN DANSEUSE DU VENTRE !
LÂCHE ÇA, ROUMI !
!
MFFF
?
VOTRE ROYALE MÈRE INSISTE POUR QUE VOTRE GRANDEUR PRENNE SA POTION, EFFENDI !
MEURS ! SERPENT À LUNETTES !
TOME + JANRY ASS. GAZZO.
55

Le Petit Spirou

Tome & Janry

AUJOURD'HUI: leçon de BOXE!
QUELLE EST LA MAUVIETTE QUI A DIT "BRUTAL"?
J'AURAIS DÛ M'EN DOUTER!
LA BOXE, MESSIEURS, QU'ON APPELLE ÉGALEMENT "NOBLE ART", ENTRETIENT LES RÉFLEXES ET LA CONDITION PHYSIQUE.
HOP!
HOP!
KRAK
PIF
GNÉÉÉÉÉEK!
GRIIINSSS
DÉMONSTRATION ! VOUS, LÀ, LE NOUVEAU ! 'Z'APPELEZ COMMENT ?
CASSIUS.
CHAUSSEZ CES GANTS !
?
ALLEZ-Y ! ESSAYEZ-VOIR ! TENTEZ DE ME FRAPPER QUE JE VOUS MONTRE !
?
KRIK
POUF
PLUS FORT! Z'ÊTES UN BOXEUR! PAS UNE LIMACE!
MAIS M'SIEUR ...
ALLEZ-Y, VOUS DIS-JE! AU VENTRE! 'Z'ÊTES UNE MOULE OU QUOI !?
BON.
BOUF
REUH!
BAF
PAF
SHTON
KLOPS
CASSE
KLET
MMFGR... PAS ...MAL ...AMN POUR UN DÉBUTANT.
PTOU!
BON. FINI, LA BOXE! ESSAYONS LE JUDO! BRUSS LIH, VOUS ÊTES DISPENSÉ DU COURS.
?
TOME. JANRY

Le Petit Spirou

Tome & Janry

SALUT, ZETTE ! TU M'DONNES UN BUBBLE-GUM À LA MENTHE ?
TIENS ! IL M'EN RESTE PLUS QU'UN À LA CERISE !
BEN, TOI ! T'AS LA COTE EN CE MOMENT !
C'EST MA FIANCÉE, MÊME QU'ELLE FAIT TOUT CE QUE JE VEUX !
HEU... C'EST PAS VRAI ! SON FIANCÉ, C'EST MOI !
TU L'AS JAMAIS EMBRASSÉE D'ABORD !
C'EST QUAND JE VEUX. CH'UIS PRÊT À PARIER UN MILLION.
... ET AVEC LA LANGUE ET TOUT ?!
UN MILLIARD !
D'ACC ! PRÉPARE TA TIRELIRE, COYOTE !
... BOUGE PAS ! RETOURNE-TOI ET FERME LES YEUX, TU VAS VOIR CE QUE TU VAS VOIR !
C'EST FAIT ! TU ME DOIS UN MILLIARD !
!
MON ŒIL !
J'AI RIEN VU, D'ABORD ! QU'EST-CE QUI ME L'PROUVE ?
BWEUUEEEEHH
... UN CHÈQUE DE MON PÈRE, ÇA VA ?
TOME & JANRY ASS. GAZZO
53

NOM DE DIEUDE NOM DE DIEUDE NOM DE...
IL NOUS CHERCHE ! TU ES PRÊT ?
PRIE POUR QUE ÇA MARCHE !
CETTE FOIS, CES PETITS JOCRISSES VONT GOÛTER DU GROS CALIBRE !
DON LANGÉLUSSE, OÙ VAS-TU DONC AINSI ?!
?
HEIN ? HEU... CE...C...
?
HEU... SERAIT-CE VOUS, SEIGNEUR ?
VOUS AVEZ UNE DRÔLE DE VOIX
PLIC PLOIII
HEM... BROM... ET D'ABORD, QU'EST-CE QUE TU CACHES DANS TON DOS ? D'ABORD
MOI, SEIGNEUR ?
... NON, MOI ! NE T'APPRÊTES-TU POINT À CORRIGER CES DEUX MALHEUREUX PETITS JOCR... JOCRA... ...HEM, AVEC DU GROS CALIBRE ?
C'EST DE LA CIRE ! C'EST LOURD MAIS PAS TRÈS DUR... ILS LE SENTIRONT À PEINE ...
CE QU'ILS ONT FAIT N'EST PAS SI GRAVE !
...TOUT DE MÊME ! ...DE LA COLLE, SEIGNEUR !
TOME & JANRY
ASS. GAZZO
61

Le Petit Spirou

Tome & Janry

QUI A RÉPONDU : "UNE SOUCOUPE VOLANTE" ?
L'IMMENSERIE DE VOTRE INCULTANCE DÉPASSE L'ENTENDURE, MONSIEUR SPIROU !!
HIN HIN !
CECI EST UN DISQUE D'ATHLÉTISME !
LEÇON D'AUJOU
LANCEME
DISQUE
ADADA
... ET JE VAIS VOUS APPRENDRE À LE LANCER CAR C'EST LA LEÇON D'AUJOURD'HUI !
OBSERVEZ !
PHASE UN : CONCENTRATION ! LE SPORTIF RÉUNIT SON FLUIDE ÉNERGÉTIQUE PAR UNE POSITION SOUPLE ET DÉTENDUE !
KROIiiNNN
KRON
GNiiii
KROUiii
DEUX : UN LENT MOUVEMENT ROTATIF LUI PERMET D'ACQUÉRIR L'ÉLAN NÉCESSAIRE !
HOP
HOP
LA VITESSE S'AMPLIFIE, L'ÉLAN AUSSI. BIENTÔT, IL VA LANCER !
GNNATTENTIOOOOOON !
VRRROOOOOOOOOOO...
HOP !
TCHAC !
?
PFF
PFF
KLOBOB
KLOBOB
KLOBOB
KLOBOB
ÉTRANGE ...
46
TOME & JANRY
ASS. GAZZO

Cher et séduisant ~~prof de~~ M. Mégot,
!
Depui le jour ou vous m'avé croisé sans me voir au parc municipal...
TORRRÉADORR PRENDS GAAAARDEEuuu
... mon cœur palpite au ritme frénétique de votre démarche chaloupée.
JEEE T'AI DONNÉ MON COEURRR
Tout en vou me chavire et je ne pui plus garder seule mon tendre ~~se~~ secret
AAAH, DÉLICIEUSE INCONNUE !
Répondré-vou, preu chevalier, à mon rendé-vou, square des amoureu ?..
... afin d'échangé~~z~~ notre premier et fougueu baisé d'amour ?
URS
SQUARE DES AMOUREUX
?
?
?
?
VOILÀ LE DERNIER ! T'AS L'APPAREIL PHOTO ?
45
TOME & JANRY
ASS. GAZZO

Le Petit Spirou

Tome & Janry

TOGO!
GODOH!
GODOH!
ZZZZ.
?
Cours de natation : aujourd'hui LE SAUT DE L'ANGE.
GODOH
TOGODOH
TOGODOGODOM
VESTIAIRES
DÂH!
TOME . JANRY . GAZZO.

Le Petit Spirou

Tome & Janry

Aujourd'hui: Marathon assisté
QUI A DIT: "BRONTOSAURE" ?
JE M'EN DOUTAIS!
BRUTUS, MESSIEURS, EST UN PITT BULL DOZER À POIL DRU.
IL EST UN PEU PETIT MAIS IL VOUS MOTIVERA MIEUX QUE MOI EN CAS DE DÉFAILLANCE, BANDE D'ESCARGOTS!
PRÊTS, MESSIEURS ?
7-8-3-1-TOP! DÉPART!
... ET C'EST PARTI POUR VINGT TOURS DU STADE!
LA CADENCE FAIBLIT, PLUS VITE, BRUTUS!
BOUH!
HUIT MINUTES DOUZE SECONDES, C'EST MIEUX QU'HIER. NOUS RECOMMENCERONS DEMAIN...
... AVEC DIX TOURS DE PLUS!
Le soir...
LE VOILÀ! PRÊT ?
ET C'EST PARTI POUR VINGT TOURS DU BLOC!
MIAOOW
MIAAOU
KSSSS
MEAUW
FSCHHH
PF!
PF!
DOUX, BRUTUS!
DOUX!
TOME & JANRY ASS. GAZZO.

Le Petit Spirou

Tome & Janry

HALTE ! ZONE INTERDITE ! CECI EST LE TERRITOIRE DES HOMMES INVISIBLES !!
?
CHEF ! 'Y A SUZETTE QUI VEUT ÊTRE LA PREMIÈRE FEMME INVISIBLE !
PAS QUESTION !!!
...OU ALORS, C'EST DEUX CHOCOS ET ELLE TESTE LA MACHINE TOUT DE SUITE !
MACHINE KI RAN INVISIB
POURQUOI ? ELLE MARCHE PAS ?
ON N'A JAMAIS ESSAYÉ SUR UNE FILLE. ENTRE ET ACCROCHE-TOI ! ÇA SECOUE !
OK ! ÇA IRA ! SORS EN FAISANT DU BRUIT, QU'ON REPÈRE OÙ TU ES !
BROLOBROLOB
HÉ, SPIROU ? TU LA VOIS ?
NON ! J'PARIE QU'ELLE VEUT PROFITER QU'ELLE EST INVISIBLE POUR NOUS FAIRE UN SALE COUP.
?
HAA ! VERTIGNASSE ! ELLE EST DERRIÈRE TOI !!
?
MES CHOCOS ! CH'UIS PAS INVISIBLE !!!
TOI BIEN !! MAIS PAS TES VÊTEMENTS ! ILS TE TRAHISSENT !
SANS LES VÊTEMENTS, ÇA MARCHE, HEIN ?? ATTENDS UN PEU ...
ATTENTION ! JE VOIS SA PETITE CULOTTE QUI BOUGE TOUTE SEULE ! JE... GLUP !
TILT
DOMMAGE, C'ÉTAIT BIEN PARTI...
UNE AUTRE, RIEN N'EST PERDU.
HALTE ! ZONE INTERDITE !!
?
TOME & JANRY GAZZO.
69

Garage Isidore

Olis & Gilson

...MERCI ENCORE ! VOUS ÊTES UN AS ! CE TOIT OUVRANT EST UNE MERVEILLE !
...ON PEUT SAVOIR COMBIEN T'A EXTORQUÉ CET AS POUR CETTE MERVEILLE ?
BÔÔÔH, M'MAN !
DONC, DORÉNAVANT, BONJOUR LE VENT, LE BRUIT, LA POUSSIÈRE, ET...
WÂÂÂÂ M'MAN !
PRRRTS M'MAN !
AÏE !
MAMAN ?!
AÏEAÏEAÏEAÏE
OUVERTURE MAXIMALE
VZZZZZZ
J... JE VIS, ÉMILE ?
EUH... QU'EST-CE QUI TE SEMBLE, M'MAN ?
D... DIS-MOI... SANS TON TOIT OUVRANT, JE ME SERAIS...
...APLATIE SUR LE SOL, OUI ...
R... RETOURNE AU GARAGE !
...MAIS DITES DONC, ON VOUS AIME, VOUS !
ÇA, M'SIEUR ZID, C'EST UNE CLIENTE CON-QUISE !
BON, SI JE SUIS CONTENT DE VOS SERVICES, MOI JE VOUS OFFRE UNE CRAVATE, O.K. ?
VRAOOM

HÉ, LA GOURDE ...
GARAGE
VOUS DISIEZ ?
MMH ? MÊME PLUS, TENEZ : HÉ, LA GOURDE, LE FOU, LE MOU, LA CLOCHE, LE MOCHE, LE...
J'AI PAS UN SALE ESCROC COMME PATRON, MOI !
NON, MAIS UN IGNARE QUI NE DISTINGUE PAS L'ÉCHAPPEMENT DE L'ALLUME-CIGARE !
TS TS...
TS TS...
IL A DIT QUE VOUS ÉTIEZ UN SALE ESCROC, M'SIEUR 'ZID !
IL M'A TRAITÉ DE TOUS LES NOMS, ET VOUS D'IGNARE, M'SIEUR MAX !
HÉ, MAIS
J'AI UNE IDÉE UNE IDÉE UNE IDÉE, MOI !
? ? ?
UN PETIT COMBAT DES CHEFS S'IMPOSE, NON ? ALORS VOILÀ : UN CLIENT VIENT DE M'APPELER, EN PANNE RUE DENLEY-BRANCKARD ...
ALORS, AU PREMIER QUI LE RAMÈNE ICI, O.K. ? LE PERDANT OFFRE LE RESTO À L'AUTRE !
JE MARCHE ! À NOS DÉPANNEUSES ! JE PRENDS CE CHEMIN-CI, ET TOI, CE CHEMIN-LÀ, ET NOUS VERRONS ♪ À QUI PLUS TÔT Y SERA ♪, HI HI HI !
NOUS ARBITRERONS !
... PRÊTS, MESSIEURS ?

5, 4, 3, 2, 1, 0...
PARTEZ!
PFIOUUU! T'AS VU LA DÉTENTE DU MIEN?
PFIOUUU! T'AS VU LA DÉTENTE DU MIEN?
ALORS COMME ÇA, TON PATRON VA NOUS PAYER LE RESTO? IL EST CHIC, DANS LE FOND...
TU DÉLIRES, MON VIEUX, C'EST LE TIEN QUI RÉGALERA... LE PAUVRE, JE MANGE COMME QUATRE!
ALORS, EN PLUS D'ÊTRE GOURDE, T'ES GOINFRE?! MISÈRE...
TON PATRON A TRICHÉ! IL EST PARTI UNE SECONDE AVANT LE DÉPART!
ET MENTEUR AVEC ÇA?! MAIS C'EST LA TOTALE, CE TYPE!
OHÉ!
AUX FOUS!
MATCH NUL, LES ENFANTS! JE SUIS ARRIVÉ AVANT CE
...MAIS CE EST TOMBÉ EN PANNE AU RETOUR!
BIEN. CES ONT FINI LEUR GUÉGUERRE. JE T'INVITE POUR UNE PIZZA...
RIEN DU TOUT. JE T'EMMÈNE AU CHINOIS, LA PLUS LOIN...

Garage Isidore

Olis & Gilson

... C'EST UN MODÈLE DE TRACTEUR-TONDEUSE INCREVABLE, MAIS AVEC SON PETIT MOTEUR 11 CV, IL SE TRAÎNE COMME C'EST PAS POSSIBLE !
ON VA VOUS REGONFLER ÇA !
?
J'AI CE QU'IL VOUS FAUT ! UN MOTEUR DE KART ! QUASI NEUF ! ET IL FAIT 25 CV !
... ET VOILÀ ! 25 CHEVAUX ! MON VIEUX, VOUS ALLEZ EN RASER, DES PAMPAS !
DZZZZZZ
UN PETIT COUP POUR AIGUISER LES LAMES...
... DÉMARREZ EN DOUCEUR ET VENEZ ICI DERRIÈRE !
VROOOM !
ALLEZ-Y, LANCEZ LA TONDEUSE ! ET VOUS SERIEZ CHIC D'EN PROFITER POUR ME TONDRE TOUT ÇA...
VRÔÔÔ
HOP ! TONDEUSE !
CLAC
?
?
?
VRRRR
!
M'OUAIS... MORALITÉ : ON SE COUPE EN QUATRE POUR LES CLIENTS, MAIS DÈS QU'ON LEUR DEMANDE UN PETIT SERVICE EN RETOUR, ON PEUT SE BROSSER !

Garage Isidore

Olis & Gilson

... PORTE ENTRE-BÂILLÉE... J'ESPÈRE QU'IL EST LÀ !...
BLORBLORBL
EUH... BONJOUR! C'EST POUR UN PNEU CREV...
CLIC
DONNE-MOI TA MAIN ET PRENDS LA MIENNE BRAVO, MACHIN, T'ES LE MILLIÈME
CHER GRAND AMI, FIGUREZ-VOUS QUE VOUS ÊTES...
...LE MILLIÈME GOGO À VENIR VOUS TROUVER, MERCI. DITES, J'AI SOIF, MOI, TOUT À COUP !
ET APRÈS ÇA, ZOU ! NOUS PARTONS AU SOLEIL DE BALI POUR QUINZE JOURS.
1000e
MAIS C'EST LE PIED ! J'AI ÉTÉ DRÔLEMENT INSPIRÉ D'AVOIR CREVÉ AUJOURD'HUI, MOI !
PLUS TARD...
HO ! LES GARS ! N'OUBLIEZ PAS QUE NOTRE VOL EST À MIDI ET DEMI !
ON S'AMÈNE ON S'AMÈNE !
...BON, BEN... SALUT, VIEUX ! ET À L'AVENIR, REGARDE QUAND MÊME OÙ TU METS LES PNEUS ! HA ! HA ! CIAO !
?!
LE TAXI EST LÀ !
BEUH
FERMÉ POUR CAUSE DE VACANCES
Olis & Gilson

Garage Isidore

Olis & Gilson

PARIS
ALGER
DAKAR
RALLYE
OIL
GARAGE ISIDORE
AH.
AU BOULOT!
...LÀ! J'AI CE QU'IL ME FAUT!
AH, VOUS ÉTIEZ LÀ? EUH... J'AI FAIT UN PEU DE RÉCUP'! HÉHÉHÉ!...
BONNE BRONZETTE!
VROOM
NON, JE NE PEUX RIEN FAIRE... JE VOUS DIS, IL FAUDRAIT DES PIÈCES DE RECHANGE... ET OÙ VOULEZ-VOUS QUE J'EN TROUVE, POUR CE MODÈLE?
BEN JUSTEMENT, J'AI UNE IDÉE, LÀ... MAIS VOUS ALLEZ PENSER QUE CE SERAIT UN PEU POUSSER...
Olis & GILSON.

Cupidon

Malik & Cauvin

AÏE AÏE AÏE, ENCORE UNE PAUVRE BÊTE ABANDONNÉE LÂCHEMENT PAR SES MAÎTRES...
JE SAIS COMMENT ÇA VA ENCORE SE TERMINER. ELLE VA SE TAPER UNE DÉPRIME MONSTRE, TRAVERSER L'AUTOROUTE, ET C'EN SERA TERMINÉ DE SA VIE DE CHIEN...
CUPIDON, VOIS UN PEU CE QUE TU PEUX FAIRE...
J'Y VAIS!
ALLONS, ALLONS, PAS DE DÉCOURAGEMENT, VEUX-TU?
ON FINIRA BIEN PAR TROUVER QUELQU'UN POUR S'OCCUPER DE TOI...
DITES, VOUS GÊNEZ PAS, MON VIEUX!
JE VOULAIS JUSTE JETER UN COUP D'OEIL SUR CETTE PAGE, LÀ...
ALLEZ, VAS-Y!
SPORTS
PRENEZ-LE! DE TOUTE FAÇON, J'AI TERMINÉ DE LE LIRE.
PLAF
MERCI!
?
HOULALA... TOI, TU AS DES PROBLÈMES...
TES MAÎTRES SONT PARTIS EN VACANCES EN T'ABANDONNANT DANS LA NATURE, HEIN?
C'EST ÇA?
CAUVIN 134 A MALIK

TIENS, SI TU N'AS RIEN CONTRE LE FROMAGE DE CHÈVRE ET LES VIEUX QUIGNONS, MANGE, C'EST TOUT CE QUE J'AI !
ALORS ?
C'EST FAIT, ST PIERRE ! IL L'A ADOPTÉ.
YOUPEEEEEEE
?
?
LAISSE-MOI T'EXPLIQUER, VIEUX ! HIER SOIR, J'AI TROUVÉ UN BILLET DE LOTERIE SUR LE TROTTOIR. IL ÉTAIT INSCRIT DESSUS QUE LE TIRAGE ÉTAIT POUR AUJOURD'HUI...
SPORTS
VOILÀ POURQUOI JE TENAIS À TOUT HASARD À JETER UN COUP D'OEIL DANS CE JOURNAL...
ET QU'EST-CE QUE J'Y DÉCOUVRE !? HEIN ? DEVINE ?
J'AI GAGNÉ LE GROS LOT !
À MOI LA GRANDE VIE !
LES HÔTELS DE LUXE...
LES RESTAURANTS CINQ ÉTOILES...
LES FILLES ET LES VOITURES DE SPORT...
134

ARF ARF ARF
?
AH NON! JE NE POURRAI PAS T'EMMENER !
TU COMPRENDS, DANS CE MONDE, IL N'Y A QUE DES TOUTOUS DE LUXE...
RÉFLÉCHIS, MÊME LAVÉ, BROSSÉ ET POMPONNÉ, TU NE RESTERAS TOUJOURS QU'UN VIEUX CABOT...
BON, D'ACCORD. ET MÊME SI TU PARVENAIS À LEUR DONNER LE CHANGE, TU NE SERAIS JAMAIS QU'UN PARVENU...
C'EST FICHU...
ATTENDS, ATTENDS, CUPIDON, ÉCOUTE BIEN: CE N'EST PAS DU CHIEN QU'IL PARLE, MAIS DE LUI...
CES GENS-LÀ PARTAGENT RAREMENT LEUR CAVIAR, LEUR CHAMPAGNE ET LEURS CIGARES...
ET TU RISQUES DE TE RETROUVER SOUVENT SEUL DANS TON HÔTEL DE LUXE...
TON RESTAURANT CINQ ÉTOILES...
ET TES VOITURES DE SPORT...

C'EST ÇA QUE TU VEUX ? HEIN ? DIS ? C'EST ÇA QUE TU VEUX ?
EH ! ATTENDS !
ÇA... ÇA TE DIRAIT DE FAIRE UN BOUT DE CHEMIN ENSEMBLE ?
OH BIEN SÛR, ÇA NE SERA PAS TOUJOURS FACILE...
IL Y AURA DES HAUTS ET DES BAS...
SCHRIIITCH SCHRIIITCH
ON A PEU DE CHANCES D'AVOIR UN DOIGT DE CAVIAR ET ENCORE MOINS UNE COUPE DE CHAMPAGNE...
WAF WAF WAF
SCHRIIITCH
MAIS AU MOINS, ON NE RISQUE PAS D'ÊTRE INCOMMODÉ PAR LEUR FUMÉE DE CIGARE...
CUPIDON, VEUX-TU QUE JE TE DISE ?
OUI ?
QUAND CE BRAVE HOMME NOUS REJOINDRA ICI, IL FAUDRA LUI RÉSERVER UNE PLACE DE CHOIX !
LE MOMENT VENU, JE SERAI LÀ POUR VOUS LE RAPPELER, ST PIERRE.
FIN

Cupidon

Malik & Cauvin

JE SAIS, JE SAIS, CUPIDON. C'EST UN TRAVAIL QUI SORT DE L'ORDINAIRE. MAIS CÉLESTIN EST UN ANIMAL COMME LES AUTRES ET COMME TOUT ÊTRE VIVANT SUR LA PLANÈTE, SON RÔLE EST DE PROCRÉER...
IL NE VEUT PAS, JE VOUS DIS!
C'EST À TOI DE LE DÉCIDER. TU AS TON ARC ET TES FLÈCHES, APRÈS TOUT!
OUI, MAIS POUR LUI DÉCOCHER UNE FLÈCHE, IL FAUT POUVOIR L'APPROCHER ET C'EST LÀ LE PROBLÈME.
FAIS-TOI AIDER PAR LES AUTRES.
QUI VEUT AIDER CUPIDON?
QUI?
MOI!
MOI!
MOI!
MOI!
LÀ, TU VOIS? TU NE SERAS PAS SEUL.
DITES-NOUS, SAINT PIERRE, QU'EST-CE QU'ON VA DEVOIR FAIRE?
AIDER CUPIDON À CONVAINCRE CÉLESTIN DE PROCRÉER.
CÉLESTIN!?
?
C'EST GENTIL D'ÊTRE RESTÉ, SÉRAPHIN!
BIEN SÛR, IL NE SAIT PAS CE QUI L'ATTEND. IL N'ÉTAIT PAS AVEC NOUS L'ANNÉE DERNIÈRE.
QUI C'EST, CÉLESTIN?
QU'EST-CE QUE JE VOUS DISAIS?
EH BIEN, TU LUI EXPLIQUERAS EN CHEMIN. ET À PRÉSENT, HOP, AU TRAVAIL.
EH BEN, MON PAUVRE VIEUX...
CAUVIN
123
MALIK

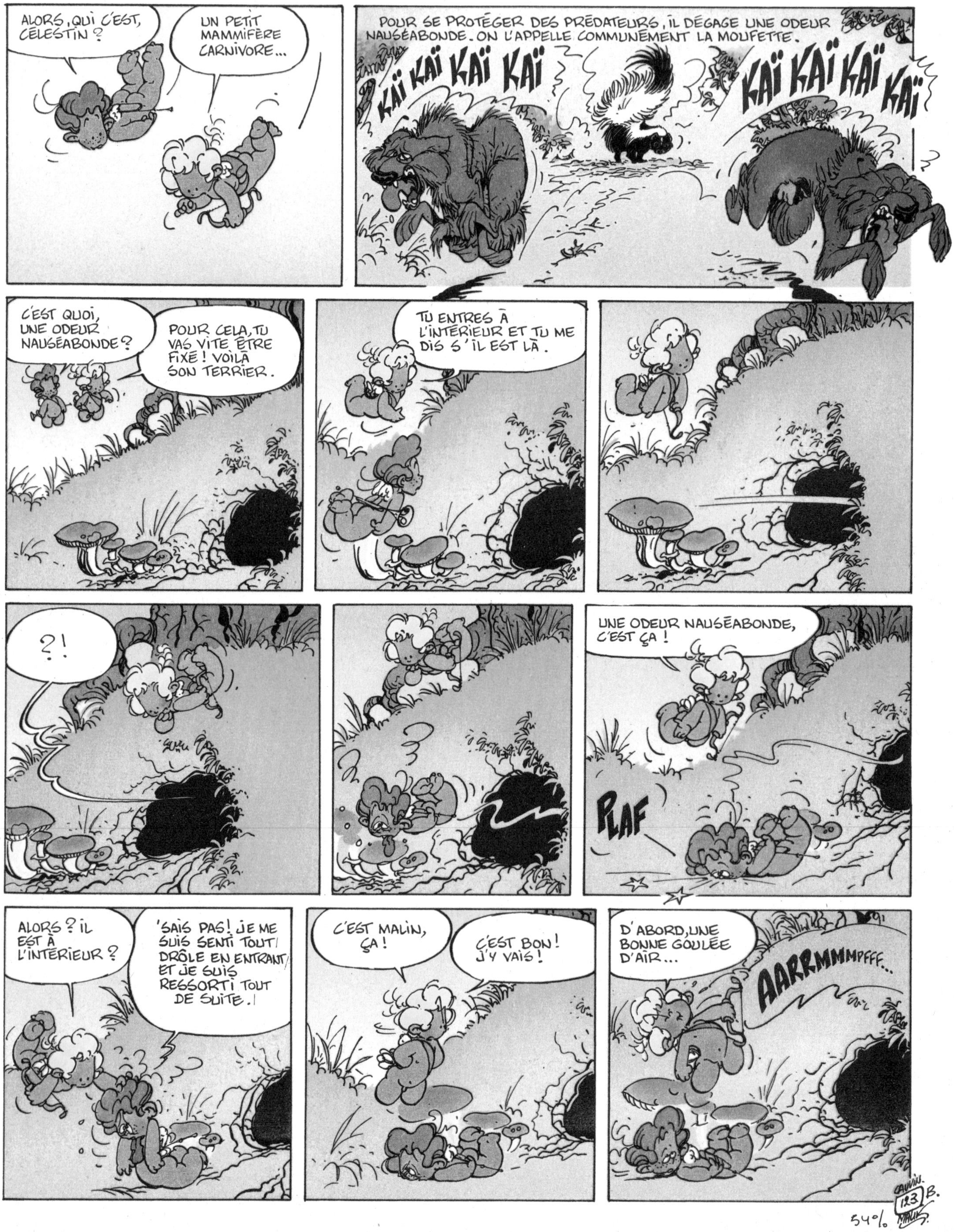

ALORS, QUI C'EST, CÉLESTIN ?
UN PETIT MAMMIFÈRE CARNIVORE...
POUR SE PROTÉGER DES PRÉDATEURS, IL DÉGAGE UNE ODEUR NAUSÉABONDE. ON L'APPELLE COMMUNÉMENT LA MOUFETTE.
KAÏ KAÏ KAÏ KAÏ
KAÏ KAÏ KAÏ KAÏ
C'EST QUOI, UNE ODEUR NAUSÉABONDE ?
POUR CELA, TU VAS VITE ÊTRE FIXÉ ! VOILÀ SON TERRIER.
TU ENTRES À L'INTÉRIEUR ET TU ME DIS S'IL EST LÀ.
?!
UNE ODEUR NAUSÉABONDE, C'EST ÇA !
PLAF
ALORS ? IL EST À L'INTÉRIEUR ?
'SAIS PAS ! JE ME SUIS SENTI TOUT DRÔLE EN ENTRANT ET JE SUIS RESSORTI TOUT DE SUITE. !
C'EST MALIN, ÇA !
C'EST BON ! J'Y VAIS !
D'ABORD, UNE BONNE GOULÉE D'AIR...
AARRMMMPFFF...

54%

MMF...
TAGADAF... TAGATAP TAGADAP
?
FF...
AAAAH!
TAGADAF TAGADAF
?!
AAAAAAAAH
J'EN AI MARRE... J'EN AI MARRE...
AU MOINS, MAINTENANT, ON SAIT QU'IL EST À L'INTÉRIEUR!
OUAIS, MAIS LE PLUS DUR RESTE À FAIRE! SI ÇA T'INTÉRESSE, PRENDS MON ARC ET MES FLÈCHES ET VAS-Y!
AH NON! ÇA C'EST TON BOULOT!
D'ABORD, JE ME SOUVIENS, IL FAUT QUE JE TE QUITTE! J'AI UNE RÉPÉTITION LÀ-HAUT!
C'EST ÇA! C'EST ÇA! VA DONC CULTIVER DES OLIVES CHEZ LES PAPOUS, EH, CROUPION!
CUPIDON!
JE... EXCUSEZ-MOI, SAINT PIERRE, MAIS QUAND ON ME LAISSE TOMBER, J'ATTRAPE DES VAPEURS...
ESSAIE DE LE FAIRE SORTIR.
AVEC QUOI? UN MANCHE DE PELLE?
CAUVIN
123
MALIK

EH... MAIS...
CLAK
YEK YEK YEK! À NOUS DEUX, CÉLESTIN!
ET HOP!
HÉ, HÉ, HÉ!
BZZZZZ BZZZZ BZZZZ
PLOF
ÇA A MARCHÉ?
NON! PAR CONTRE, JE N'AVAIS JAMAIS VU UNE GUÊPE MALADE À CE POINT-LÀ!
EUERK ERK
UNE? ET LES AUTRES?
TU... TU AS UNE AUTRE IDÉE?
OUI! ATTENDRE. IL FINIRA BIEN PAR SORTIR! C'EST QUE ÇA DOIT AUSSI SE NOURRIR, CES BÊTES-LÀ!
MFFF... FFF...
CAUVIN 123 D MALIK

TAGADAF TAGADAF
PLAF
BRAVO, CUPIDON ! TU L'AS EU !
TU L'AS EU !
LUI AUSSI ! IL M'A PASSÉ DESSUS.
PLUS TARD...
REGARDE, TU AS RÉUSSI !
PLUS TARD...
C'EST PAS BEAU, ÇA ? HEIN ? C'EST PAS BEAU ? CUPIDON, TU PEUX ÊTRE FIER DE TOI !
CUPIDON ?
IL SENT ENCORE ?
C'EST VRAI QUE C'EST UNE ODEUR TENACE...
OUI !
BAH, ENCORE UN MOIS OU DEUX ET IL N'Y PENSERA PLUS...
CUPIDON, IL Y A FRÉDÉRIC LE CASTOR QUI...
'N'A QU'À SE DÉBROUILLER TOUT SEUL, FRÉDÉRIC.
FIN

ÉVIDEMENT, CE N'EST PAS UNE FAUX COMME LES AUTRES. ELLE EST ENSORCELÉE.
CIEL
EN UN GESTE, ELLE PEUT TRANCHER LES FILS DE CENTAINES DE VIES ! CE N'EST PAS UN OUTIL À METTRE DANS LES MAINS...
?
?
...DU PREMIER IMBÉCILE VENU.
?
?
?
?

Passe-moi l'ciel

Stuf & Janry

?
PARADIS ACCUEIL
POLICE DISCIPLINAIRE
HUM... PREMIER CLIENT!
L'ORDINATEUR EST FORMEL, VOUS ALLEZ EN ENFER.
SUIVANT!
NON.
PEU APRÈS...
PAS DE PARADIS POUR VOUS NON PLUS. DÉSOLÉ.
SUIVANT!
NON PLUS.
ENCORE PLUS TARD...
S'IL VOUS PLAIT, PAS EN ENFER.
NAVRÉ, LE RÈGLEMENT.
MALIBU
NON, NON ET NON!
LE SOIR VENU...
PFUiiiiiii...
?
PFUiiii
BAR PARADISIO
TU N'AVAIS PAS DIT QUE TU NOUS PRÉSENTERAIS DE NOUVELLES COPINES?

Passe-moi l'ciel

Stuf & Janry

SUIVANT !
ENFER BIENVENUE
"PÉCHÉ D'ORGUEIL" ! HÉ ! HÉ ! VOUS ÊTES BON POUR CINQ ANS DE "FOSSE".
HM... QU'EST-CE QUE C'EST, "LA FOSSE" ?
UNE TORTURE POUR LES SNOBS DE VOTRE GENRE.
...UN PETIT PLONGEON DANS LA VASE. MONSIEUR-LE-PRÉCIEUX APPRÉCIERA. HI ! HI !
!
VASE PREMIER CHOIX
HOP !
PIK !
BAH... CINQ ANS DE BAIN FORCÉ, C'EST PAS BIEN MÉCHANT.
SALUT, LES POTES ! MOI, C'EST ROGER !
...ELLE EST BONNE !
LA PAUSE EST TERMINÉE, MESSIEURS, TOUT LE MONDE À GENOUX !
!
POK ! POK !

Passe-moi l'ciel

Stuf & Janry

SAINT PIERRE! SAINT PIERRE!
AH, NON!
PARADIS
ELVIS
NE DITES PAS NON AVANT D'AVOIR ÉCOUTÉ!
LA DERNIÈRE FOIS QUE J'AI DIT OUI, VOUS M'AVEZ EMBOBINÉ, CANAILLE!
VOUS NE POUVEZ PAS REFUSER, C'EST LA MEILLEURE CHANSON QUE J'AIE JAMAIS COMPOSÉE!
VOUS ÊTES TOUS PAREILS, LES ARTISTES! DÉJÀ HIER, C'ÉTAIENT JOHN LENNON ET FREDDY MERCURY!
...ET JUSTE AU MOMENT DES FÊTES DE FIN D'ANNÉE, COMME PAR HASARD.
JE SUIS SÛR QUE VOUS ALLEZ ACCEPTER. ÇA S'APPELLE: "CHRISTMAS SHOES"!
ONE, TWO, THREE, FOUR ...
DON'T FORGET YOUR BLUE SUEDE SHOES FOR CHRISTMAS BABE!
ZBAB BABELOUBAM BELAM BEM BOOM!
MMOUAIS, VOUS SAVEZ QUE JE SUIS UN DE VOS FANS ET VOUS EN PROFITEZ! GRMBL... SOIT, C'EST D'ACCORD!
OH! MERCI, ST. PIERRE! AU NOM DE LA MUSIQUE, MERCI!
ET TÂCHEZ D'AVOIR ENREGISTRÉ VOTRE DISQUE AVANT CE SOIR. OUSTE!
COMPTEZ SUR MOI!
TERRE.
SUR TERRE...
APRÈS LES INÉDITS DE FREDDY MERCURY ET DE JOHN LENNON, VOICI UNE AUTRE IDÉE DE CADEAU: "CHRISTMAS SHOES" D'ELVIS PRESLEY! JOYEUX NOËL, AMIS ROCKERS!
AAAAH... ELVIS, C'ÉTAIT LE KING.
SNIF!
ELVIS FAN CLUB
20 ANS QU'IL EST MORT ET À CHAQUE NOËL, IL SORT UN INÉDIT! COMMENT FAIT-IL?
HARLEY

Passe-moi l'ciel

Stuf & Janry

SUIVANT!
PARADIS ACCUEIL
DÉSOLÉ, PAS DE PARADIS POUR VOUS! VOUS ALLEZ EN ENFER!
?
NON!
SUIVANT!
ATTENDEZ... VOUS; VOUS ME DEMANDEZ À MOI D'ALLER EN ENFER, C'EST ÇA?
OUI, HEU... ENFIN NON. C'EST MON ORDINATEUR QUI...
PARCE QUE J'AI UNE TRONCHE À ME FAIRE VOIR CHEZ SATAN PAR UN VIEUX BARBU DÉCATI, PEUT-ÊTRE?
HEU...
QUELQUES PETITS SIÈCLES EN ENFER, CE N'EST PAS BIEN MÉCHANT.
AH, OUAIS? JE VAIS VOUS METTRE UNE BEIGNE PAS BIEN MÉCHANTE SUR LE GROIN, MOI!
OK! OK! JE VOUS PROPOSE UN MARCHÉ!
NAVRÉ, PAS DE PARADIS POUR VOUS! VOUS ALLEZ EN ENFER!
F.C. BASTON
NON!
PARADIS ACCUEIL

Passe-moi l'ciel

Stuf & Janry

...ET QUI SE CHARGERA DE MES GOSSES, HEIN?
ON SE DÉBROUILLERA! EN ATTENDANT, ILS VONT AU PARADIS ET VOUS EN ENFER, BOURREAU D'ENFANTS!
PARADIS
ENFER
?
D'OÙ VIENNENT CES VAURIENS QUI LANCENT DES CAILLOUX À LA TÊTE DES GENS!?
VOUS ATTENDEZ SAGEMENT ICI, GARNEMENTS! JE M'OCCUPERAI DE VOUS DÈS QUE...
TOC!
SAPERLIPOPETTE! VIENS ICI, TOI! QUE JE TE...
POK!
HI! HI!
DONNE-MOI CETTE FRONDE! GALOPIN!
HÉ! MON ORDINATEUR!
KRAK!
JUSTE APRÈS...
OUÏE!
OUCH!
MAIS, RETIREZ-LUI SA CATA... AÏE!
VOYOU!
AH, NON! AH, NON! DONNER, C'EST DONNER!
...REPRENDRE, C'EST VOLER.
BOTTEZ-MOI.
ENFER

BONJOUR
VOUS ÊTES AU PARADIS !
VEUILLEZ DÉCLINER VOS NOM, PROFESSION
PARFAIT, TOUT EST EN ORDRE !
BIENVENUE PARMI NOUS
MUT BIP
VOICI LA CLÉ DU PARADIS
MAGIC
SUIVANT !
À CHAQUE SAISON DES CHAMPIGNONS, C'EST PAREIL ! ON NE COMPTE PLUS LES DISTRAITS QUI EN MANGENT DES TOXIQUES !
?
BONJOUR MADAME !
TS ! TS !
CIEL
116-

Joue avec La Petite Lucie

Joan

DÉPART
Jouez à plusieurs avec un dé, pour remonter le train jusqu'à la locomotive en évitant les contrôleurs.
Tu rates le départ du train. Retourne à la case 1 et joue au dé combien de tours tu attends le prochain départ.
Tu as oublié de composter ton billet sur le quai. Passe 2 tours à parlementer avec le contrôleur.
Cette place était réservée par un autre passager... Retourne t'asseoir à la case 8.
TOC TOC
Les toilettes sont occupées, passe 1 tour à sautiller sur place...
Tu as enfin trouvé le wagon-restaurant mais tu as laissé tes sous à ta place... Retourne à la case 8.
Tûûi
Après cet arrêt en gare, tu te trompes de sens en remontant le train. Joue une fois en arrière.
Tu retombes sur le contrôleur qui ne te reconnaît pas, retourne à la case 8 chercher ton billet.
Tu t'es installé en 1e classe avec ton billet 2e classe. Le contrôleur te renvoie à ta place case 8.
Tu descends du train à la mauvaise gare. Attends qu'un autre joueur passe par là pour remonter dans le train.
LUCIE
c'est quoi ce bouton? ...
on peut aller plus vite?
Z'avez déjà écrasé une vache?
Vous faites comment pour dérailler?
Bravo, tu es le premier arrivé jusqu'à la cabine de pilotage où la vue est bien plus belle... Termine ton voyage en compagnie du conducteur.
Tu tires sans raison l'alarme du train... Cette gaffe t'envoie 3 tours dans la cabine du contrôleur, case 30.
1 2 3 4 5 6 7 8 9 10 11 12 13 14 15 16 17 18 19 20 21 22 23 24 25 26 27 28 29 30 31 32 33 34 35 36 37 38 39 40 41 42 43 44 45 46 47 48 49 50 51 52 53 54 55 56 57

HORIZONTALEMENT :

1. Qui arrive deux fois par an.
2. Passés sur le billard / On le pousse pour se faire entendre de loin.
3. La partie centrale d'un crayon / Poisson voisin du hareng.
4. On y met ce qui n'était qu'un brouillon / Partie la plus grossière du son.
5. Maison de fous / Eclose.
6. Instrument de travail / Symbole chimique du magnésium.
7. Grand-mère.
8. Vase pour conserver les cendres d'un mort / Instrument à touches noires et blanches.
9. Résidu de vin / Des personnes très en colère.
10. Entouré en serrant étroitement / Deuxième note de la gamme.

VERTICALEMENT :

1. Il se déplace et agit pendant son sommeil.
2. Surveillés discrètement / Filin reliant une ancre à une bouée.
3. Cités sans insister.
4. Epoque historique / Elle éclaire une nuit sans nuages.
5. Réfléchi de la troisième personne / A bon dieu, c'est une coccinelle / Symbole chimique du francium.
6. Titre de l'empereur de Russie, autrefois / Qui n'est pas limpide.
7. On y envoie celui qui nous ennuie.
8. Image sainte pour les orthodoxes / Avant juin.
9. Lentille fourragère / Provenir de.
10. Endroit / Doctrine religieuse particulière.

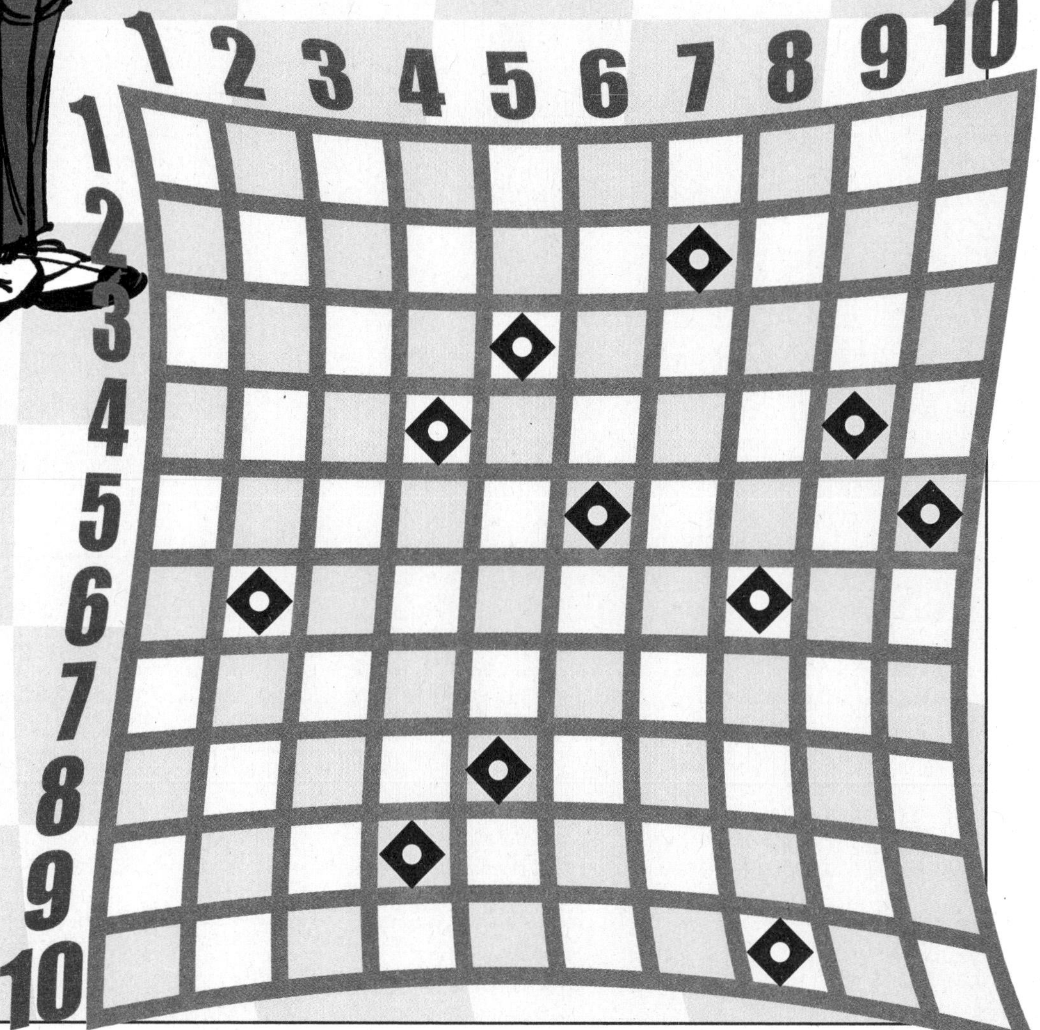
1 2 3 4 5 6 7 8 9 10
1
2
3
4
5
6
7
8
9
10

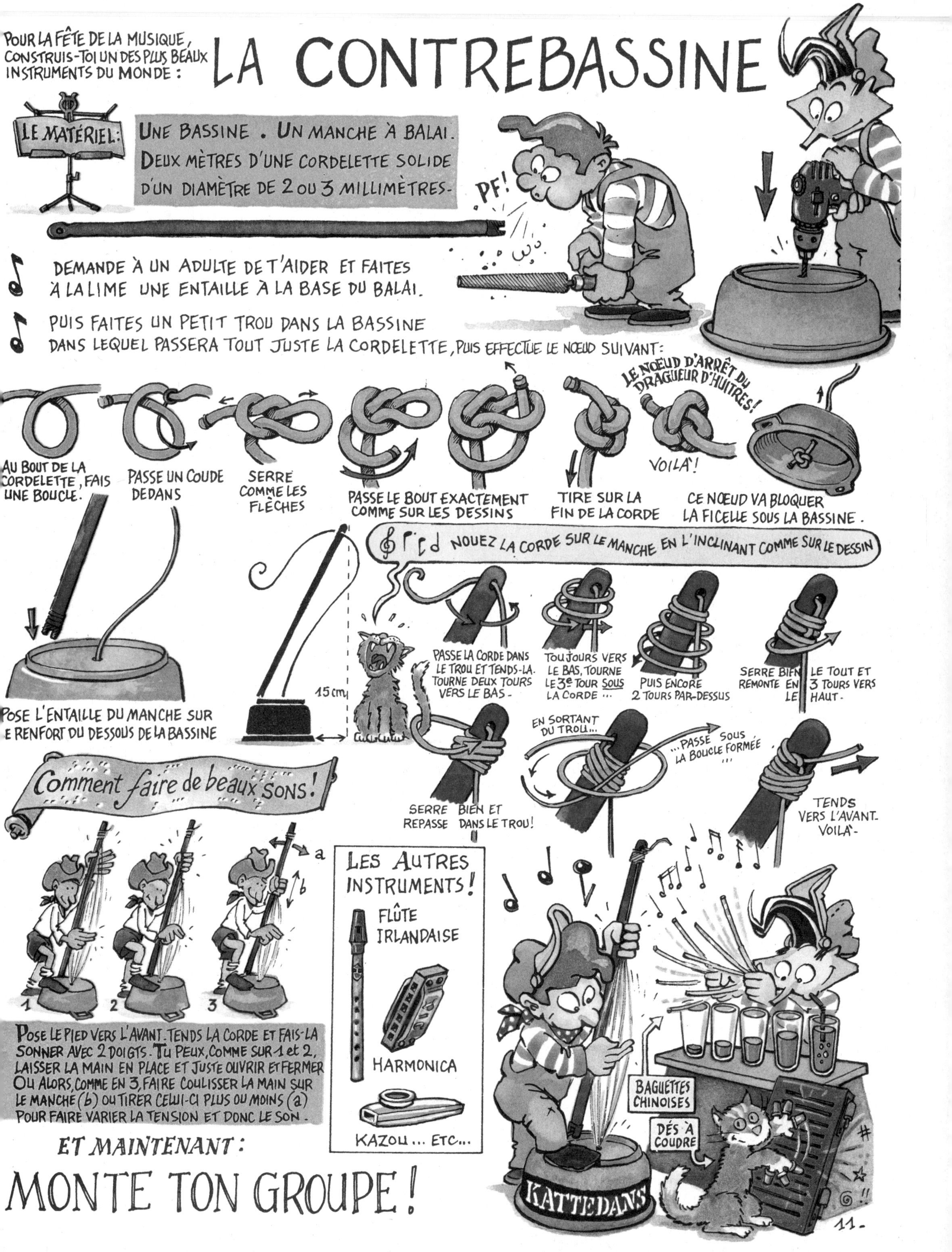

POUR LA FÊTE DE LA MUSIQUE, CONSTRUIS-TOI UN DES PLUS BEAUX INSTRUMENTS DU MONDE :
LA CONTREBASSINE
LE MATÉRIEL :
UNE BASSINE . UN MANCHE À BALAI.
DEUX MÈTRES D'UNE CORDELETTE SOLIDE D'UN DIAMÈTRE DE 2 OU 3 MILLIMÈTRES.
PF!
DEMANDE À UN ADULTE DE T'AIDER ET FAITES À LA LIME UNE ENTAILLE À LA BASE DU BALAI.
PUIS FAITES UN PETIT TROU DANS LA BASSINE DANS LEQUEL PASSERA TOUT JUSTE LA CORDELETTE, PUIS EFFECTUE LE NŒUD SUIVANT :
LE NŒUD D'ARRÊT DU DRAGUEUR D'HUITRES !
AU BOUT DE LA CORDELETTE, FAIS UNE BOUCLE.
PASSE UN COUDE DEDANS
SERRE COMME LES FLÈCHES
PASSE LE BOUT EXACTEMENT COMME SUR LES DESSINS
TIRE SUR LA FIN DE LA CORDE
VOILA !
CE NŒUD VA BLOQUER LA FICELLE SOUS LA BASSINE.
POSE L'ENTAILLE DU MANCHE SUR LE RENFORT DU DESSOUS DE LA BASSINE
15 cm
NOUEZ LA CORDE SUR LE MANCHE EN L'INCLINANT COMME SUR LE DESSIN
PASSE LA CORDE DANS LE TROU ET TENDS-LA. TOURNE DEUX TOURS VERS LE BAS.
TOUJOURS VERS LE BAS, TOURNE LE 3e TOUR SOUS LA CORDE ...
PUIS ENCORE 2 TOURS PAR-DESSUS
SERRE BIEN LE TOUT ET REMONTE EN 3 TOURS VERS LE HAUT.
SERRE BIEN ET REPASSE DANS LE TROU !
EN SORTANT DU TROU...
... PASSE SOUS LA BOUCLE FORMÉE ...
TENDS VERS L'AVANT. VOILA.
Comment faire de beaux sons !
a
b
1
2
3
POSE LE PIED VERS L'AVANT. TENDS LA CORDE ET FAIS-LA SONNER AVEC 2 DOIGTS. TU PEUX, COMME SUR 1 et 2, LAISSER LA MAIN EN PLACE ET JUSTE OUVRIR ET FERMER OU ALORS, COMME EN 3, FAIRE COULISSER LA MAIN SUR LE MANCHE (b) OU TIRER CELUI-CI PLUS OU MOINS (a) POUR FAIRE VARIER LA TENSION ET DONC LE SON.
LES AUTRES INSTRUMENTS !
FLÛTE IRLANDAISE
HARMONICA
KAZOU ... ETC...
BAGUETTES CHINOISES
DÉS À COUDRE
KATTEDANS
ET MAINTENANT :
MONTE TON GROUPE !

Inspecteur ZBU

Borrini & Omond

NOUS ÉTIONS CHARGÉS DE JOUER LES GARDES DU CORPS POUR LE 1ER MINISTRE...
VIVE MOI !
VIVE MOI !
QUAND SOUDAIN...
SPROUT
HAARG ! MON HONNEUR EST ENSAUCÉ À LA TOMATE !
BOU HOU !
QUE PERSONNE NE BOUGE !
IL Y A UN DANGEREUX RÉVOLUTIONNAIRE DANS LA FOULE !
J'AI TOUT VU ! M'SIEUR, J'AI TOUT VU !
IL ÉTAIT CHAUVE ET RIDÉ AVEC UN NEZ POINTU ET UNE BARBE ! IL S'EST CACHÉ DANS CE TEMPLE !
PAS SI VITE, PATRON !
SECTE des GENTILS
JE CHERCHE UN TERRORISTE CACHÉ CHEZ VOUS !!
ÇA N'VA PAS TRAÎNER !
OH ! QU'IL EST AGRESSIF ! VOUS VOUS TROMPEZ : NOUS NE SOMMES QUE 4 FRÈRES GENTILS !
JE VAIS CHERCHER LES AUTRES ...
NOUS SOMMES TOUS A-DO-RA-BLES !
SOYEZ ZEN !
PAIX ! AMOUR !
J'AI ENVIE DE RIRE TELLEMENT JE SUIS SYMPA !
QU'ILS SONT ÉMOUVANTS !
POURTANT, L'UN D'EUX CACHE BIEN SON JEU ! HA HA !
AH OUI ? TU SAIS LEQUEL ?

SOLUTION : C'EST LE FRÈRE GENTIL À LA CHEVELURE BRUNE QUI S'EST JUSTE CONTENTÉ DE SE METTRE LA TÊTE À L'ENVERS !

SAUVE QUI PEUT ! PIC ET ZOU EN DANGER ! QUEL BOUT TRANCHER IMMÉDIATEMENT POUR SAUVER LE BATEAU EN LARGUANT LA SIRÈNE SANS PERDRE LES CASIERS À CRABE ?

PIC
1
2
3
4

LE BON CABILLOT AUQUEL EST RELIÉE LA SIRÈNE, CE N'EST PAS LE 1, NI LE 2, NI LE 4, MAIS C'EST LE 3 - FACILE -

C'EST LE PARADIS DES HOMMES, ICI ! VOUS VOUS TROMPEZ D'ADRESSE ! CIRCULEZ !
NON, MONSIEUR ! ON M'ENVOIE CHEZ VOUS PARCE QU'IL N'Y A PLUS DE PLACE AU PARADIS DES CROCODILES !
PARADIS DES HOMMES ACCUEIL
...C'EST À CAUSE DE VOUS, LES HOMMES ! NOUS SOMMES TOUS MORTS À CAUSE DE LA POLLUTION ET TOUTES LES SALOPERIES QUE VOUS...
BON, ÇA VA ! ÇA VA ! ... DANS CE CAS ! ...
...POUR POUVOIR ENTRER CHEZ NOUS, VOUS DEVEZ D'ABORD RÉSOUDRE CES TROIS ÉNIGMES...
QUOUA ?!?
1 Pouvez-vous localiser le carré ci-dessous dans la grille à droite ?
A B C D
1 2 3 4 5
100% FAUX CROCO
2 Pour traverser cet échiquier de A jusqu'à Z, ce crocodile doit suivre l'ordre alphabétique et les déplacements en diagonale sont interdits !
A, B, C, D, HEU...
A B C D E F G H
1 A B C D S A B A
2 B D E F C E G B
3 B C F G H I J K
4 A D I H M N Y Z
5 T C J K L O X A
6 U V W R Q P W X
7 V T Q S T U V Y
8 B C R S T U V S
3 Sept différences distinguent ce crocodile sain de cet autre crocodile pollué. Lesquelles ?
DES CONDITIONS EN PLUS !!? C'EST UN SCANDALE !!
SI C'EST ÇA, JE PRÉFÈRE ENCORE L'ENFER DES CROCODILES AU PARADIS DES HOMMES, TIENS !
BON.
EUH... JE N'AI RIEN DIT...
ENFER DES CROCODILES

SOLUTIONS :

JEU 1 : C4 - JEU 2 : A4-A3-B3-B2-C2-C3-D3-D4-C4-C5-D5-E5-E4-F4-F5-F6-E6-D6-D7-E7-F7-G7-G6-G5-G4-H4. JEU 3 : SPARADRAP - QUEUE PLUS COURTE - TROIS PATTES DONT UNE À QUATRE DOIGTS - UNE NARINE UNIQUE - IL LUI MANQUE UNE DENT ET SON VENTRE EST UNI !

Joue avec La Petite Lucie

Joan

Non! Lucie ne fait pas n'importe quoi, mais n'est juste pas à sa place. Trouve donc où elle devrait se tenir pour que ses gestes aient un sens en intervertissant toutes les Lucie dans le décor.
LIBRAIRIE
2
DU 01 AU 15
1
2
3
4
5
6
7
8
9
10
11
12
JOAN

Lucie 1 saute dans la flaque d'eau - Lucie 2 fouille dans la poubelle - Lucie 3 heurte le pylône - Lucie 4 dans le ciment des travaux - Lucie 5 sur la corniche - Lucie 6 dans le lit - Lucie 7 scrute le ciel avec la lunette - Lucie 8 sonne à la porte - Lucie 9 sur la grille d'aération - Lucie 10 arrose les fleurs - Lucie 11 glisse sur la peau de banane - Lucie 12 est face au policier -

Jeux d'enfer

Stuf & Janry

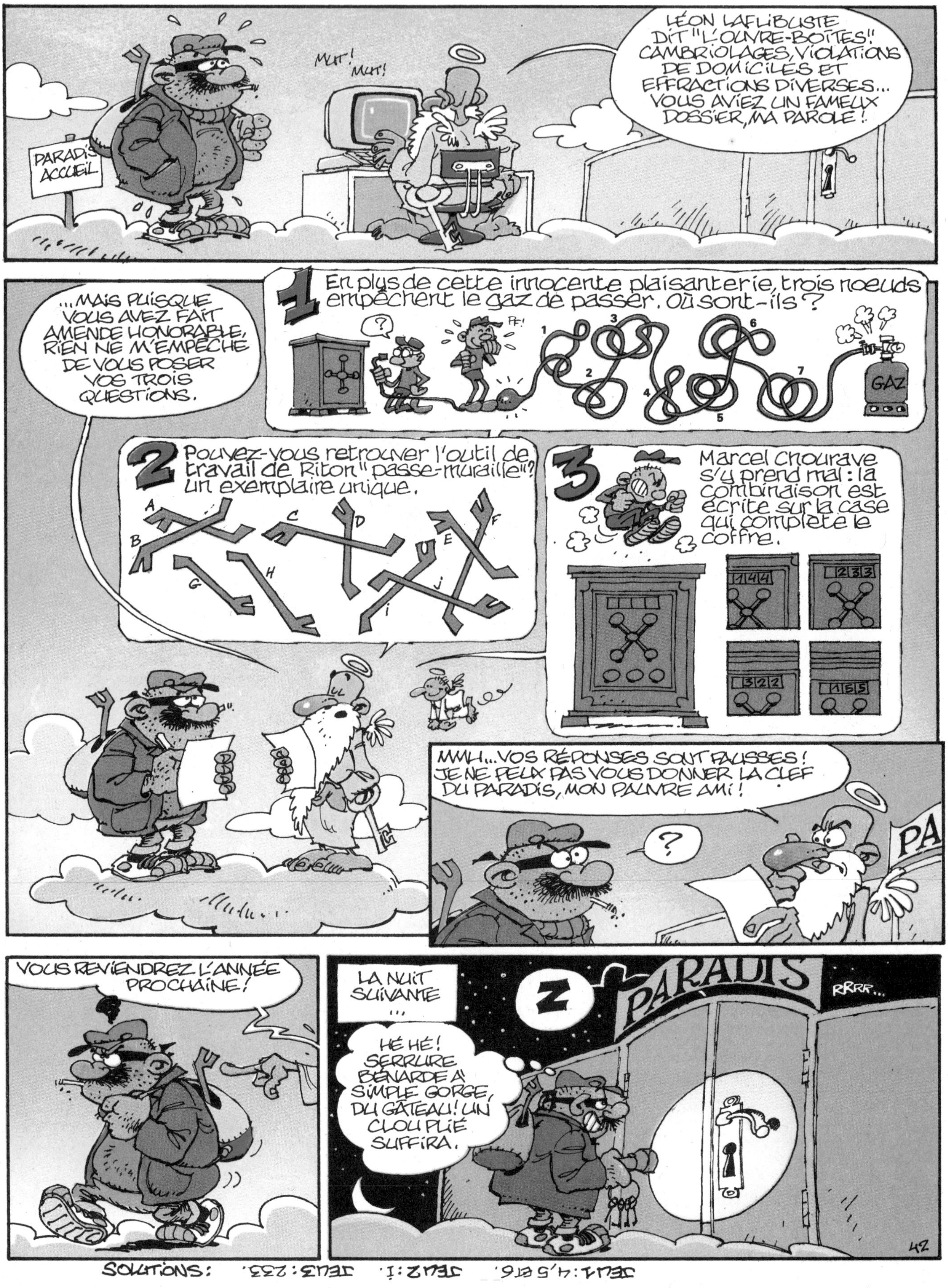
PARADIS ACCUEIL
MUT! MUT!
LÉON LAFLIBUSTE DIT "L'OUVRE-BOÎTES" CAMBRIOLAGES, VIOLATIONS DE DOMICILES ET EFFRACTIONS DIVERSES... VOUS AVIEZ UN FAMEUX DOSSIER, MA PAROLE!
...MAIS PUISQUE VOUS AVEZ FAIT AMENDE HONORABLE, RIEN NE M'EMPÊCHE DE VOUS POSER VOS TROIS QUESTIONS.
1 En plus de cette innocente plaisanterie, trois noeuds empêchent le gaz de passer. Où sont-ils ?
1 2 3 4 5 6 7
GAZ
2 Pouvez-vous retrouver l'outil de travail de Riton "passe-muraille"? Un exemplaire unique.
A B C D E F G H i J
3 Marcel Chourave s'y prend mal : la combinaison est écrite sur la case qui complète le coffre.
144
233
322
155
MMH... VOS RÉPONSES SONT FAUSSES! JE NE PEUX PAS VOUS DONNER LA CLEF DU PARADIS, MON PAUVRE AMI!
?
PA
VOUS REVIENDREZ L'ANNÉE PROCHAINE!
LA NUIT SUIVANTE...
PARADIS
RRRR...
Z
HÉ HÉ! SERRURE BÉNARDE À SIMPLE GORGE, DU GÂTEAU! UN CLOU PLIÉ SUFFIRA.
42

SOLUTIONS : JEU 1 : 4, 5 ET 6. JEU 2 : I. JEU 3 : 233.

HORIZONTALEMENT :

1. On dit qu'elle ne fait pas le printemps.
2. Qui n'ont pas atteint leur achèvement.
3. Se déplacer sur de la glace / Saint en réduction. •
4. Dégage une mauvaise odeur / User par frottement.
5. Gros mangeur / Pièces roumaines.
6. Symbole chimique du cuivre / Qui a les cheveux foncés et le teint brun.
7. Altesse Royale, ou symbole de l'argon / Doré et grillé dans la poêle.
8. Font un mélange / Vieux do.
9. Mises en couleur / Petit ruisseau.
10. Crochet en forme de lettre / C'est le démon.

VERTICALEMENT :

1. Petit poisson aussi appelé cheval marin.
2. Mises à la disposition du public avec une cérémonie officielle.
3. Subir un échec / Sa fleur est l'emblème de la royauté française.
4. Ceinture japonaise / Tel le cheval prêt à être dirigé.
5. Partie du jour, à Rome / Frotté d'huile.
6. Ils se mesurent en combat singulier.
7. Supports pour le pied du cavalier / Possessif.
8. Itinéraire chinois / Cri de chat.
9. Défavorisé / Extrémiste.
10. Plancher surélevé pour le bureau du professeur, dans une classe / Nombre premier.

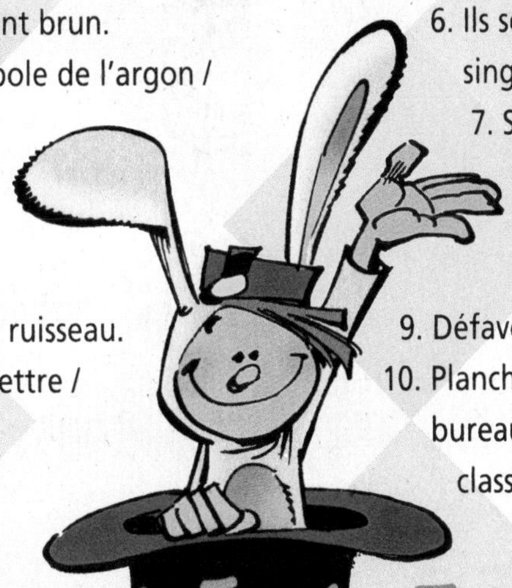

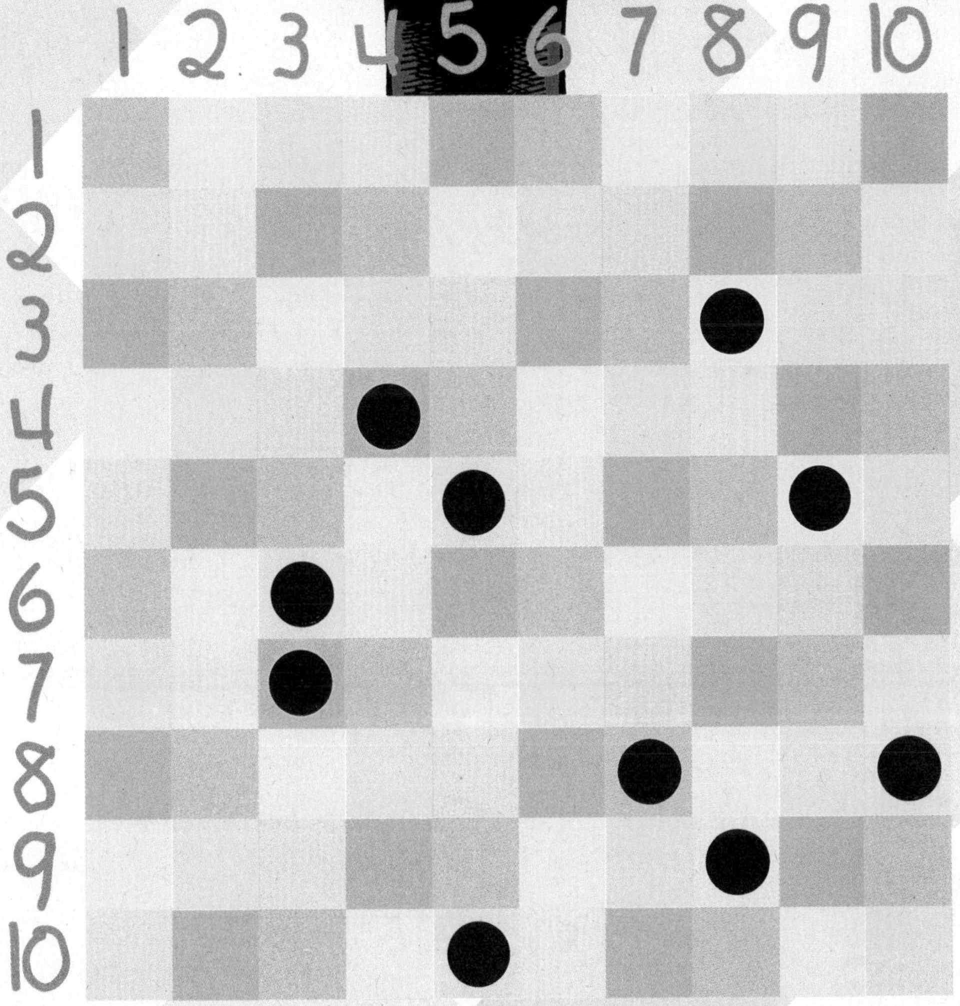

1 2 3 4 5 6 7 8 9 10
1 2 3 4 5 6 7 8 9 10

Des Jeux pour jouer avec Pic & Zou

Pic

PIC ET ZOU PARTENT EN VACANCES! UN AMI LES EMMÈNE EN VOITURE. OR, UN MONSTRUEUX EMBOUTEILLAGE S'EST DÉCLARÉ, ET TOUT CE QUE SAVENT PIC ET ZOU SUR LA VOITURE DE LEUR AMI, C'EST QU'ELLE EST BICOLORE ET QU'ELLE A : DES AUTOCOLLANTS, LA RADIO, ET DES BAGAGES SUR LE TOIT. TROUVE-LA.
9
DÉBAGAGE
7
RAID
ABC
PIC

C'EST LA VOITURE MARRON ET ORANGE, ENTRE LES BELGES ET LE 4x4 FOU "RAID" N°7. LE MARTIEN, LUI, N'A PAS DE "VOITURE" : C'EST UNE SOUCOUPE VOLANTE ! DOMMAGE !

Joue avec La Petite Lucie

Joan

Cette escadrille de Lucie doit voler au secours de plusieurs Lucie en détresse...
Aide chaque pilote à viser juste et à accomplir ainsi sa mission humanitaire respective.
A
B
C
D
E
F
G
1
2
3
4
5
6
7
115.
SOLUTIONS
A4-B2-C7-D3-E6-F1-G5
JOAN 98

Inspecteur ZBU

Borrini & Omond

INSPECTEUR ZBU !
MON FILS FRED 6 N'EST PAS RENTRÉ À LA MAISON DEPUIS DEUX JOURS... JE M'INQUIÈTE !
MAIS... IL A 35 ANS !
LÀ N'EST PAS LE PROBLÈME, JE SUIS SÛRE QU'IL EST ALLÉ RETROUVER SES AMIS ÉTUDIANTS INTOLÉRABLES
COMME VOUS VOULEZ, MADAME ZORG... JE PRENDS SON CARNET D'ADRESSES !
CHEZ L.N...
FRED 6?
PAS VU DEPUIS DES LUSTRES... !
BOAF
CHEZ 6PO...
PRODIGY
RIEN À FAIRE.
DANDY WARHO
F6Z 41.67.86.
CHEZ TOTOR...
ALLEZ-VOUS-EN !!
CHEZ TITI !
QUI ÇA? HEIN? AH OUI, FRED 6 !
VOUS L'AVEZ VU ?
NON!
CHEZ R-1K !
PATRON... IL DORT...
Z Z
CHEZ B7
IL ME DOIT 2000F ALORS SI VOUS LE VOYEZ... !
OK! ON VOUS PRÉVIENT
PATRON... C'EST NUL, NOUS N'AVONS AUCUN INDICE !
HUM PAS SI SÛR !
MADAME ZORG... VOTRE FILS VA BIEN ET IL NE SE LAISSE PAS ALLER... AU CONTRAIRE !
MERCI... DU MOMENT QU'IL N'EST PAS AVEC CES VOYOUS !!
AS-TU MIEUX COMPRIS QUE B2 ??

SOLUTION : CHEZ 6PO, ON VOIT UN PAPIER MARQUÉ F6Z (FRED 6 ZORG) AVEC LE NUMÉRO DE TÉLÉPHONE 41.67.86 ! ET CHEZ TITI, CE NUMÉRO CORRESPOND AU MARS-PALACE !

Les Doublons du Corsaire

Ton matériel : une Règle Graduée et un Crayon.
L'échelle de la carte est : 1 cm = 10 pas.
Pour les directions, visez les losanges Rouges ◆.

Moi, Pierre Lucas, corsaire de sa Majesté, ai enterré le Trésor des frères de la côte à cet endroit précis ! En partant de la plage, faites 50 pas vers la source, puis 40 pas vers la falaise, et 50 pas vers le Chien, et 65 pas vers la crique aux requins. Puis 60 pas vers le sud-ouest (vers le mascaret), puis 40 pas vers l'ouest, et 50 au Nord, 35 vers l'arbre foudroyé, 50 vers la crique, et 60 vers le sud -

La Falaise
La Source
L'arbre foudroyé
Le Rocher du Crâne
La Cascade
La Plage
Plantes Carnivores
Le Village Cannibale
La Crique aux Requins
La côte des Récifs
Le Chien
Le Mascaret
L'Ile au Pendu
Nord
Nord-Ouest
Nord-Est
Ouest
Est
Sud-Ouest
Sud-Est
Sud
Nombre de pas
0
10
20
30

Il faut creuser 6 pieds sous terre, à côté des pieds du squelette pendu à une potence sur une certaine île...

HORIZONTALEMENT :

1. Mot provenant de l'italien et désignant un café au lait mousseux.
2. Elles pilotent des machines volantes.
3. Son point est l'endroit où on doit se retrouver.
4. Vieille colère / Parcourue des yeux / Symbole chimique de l'erbium.
5. Arrêtes / Risqué.
6. Carte à jouer / Grands oiseaux aux ailes réduites, vivant en Australie.
7. Bière anglaise / Imitation de marbre.
8. A faire sans tarder / Drame lyrique japonais.
9. Qui incite à la gaieté / Sa gousse parfume le beurre d'escargot.
10. Crochet de boucherie / Donnée ou prise en location.

VERTICALEMENT :

1. Dessin qui accentue les défauts du modèle.
2. Ils n'aiment pas dépenser leur argent / Plat de veau apprécié des gastronomes.
3. Elles fournissent l'énergie aux appareils électriques portatifs / Dignitaires orientaux.
4. Pieu aiguisé à un bout / De la Lune.
5. D'une manière profitable.
6. Qui est vide à l'intérieur / Pareil.
7. Sommet d'un arbre ou d'une montagne / Elimé avec le temps.
8. Glace américaine / Armée du moyen âge / Article contracté.
9. Les seins, dans le langage familier / D'une seule couleur et sans dessins.
10. Relatif à l'élevage des huîtres.

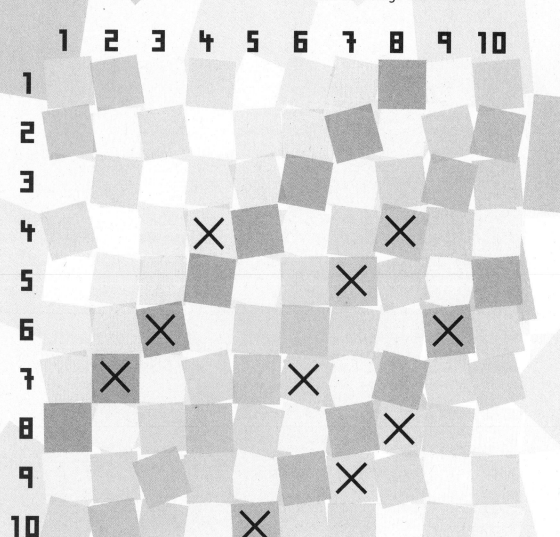

	1	2	3	4	5	6	7	8	9	10
1										
2										
3										
4				X				X		
5							X			
6			X						X	
7		X				X				
8								X		
9							X			
10					X					

Jeux d'enfer

Stuf & Janry

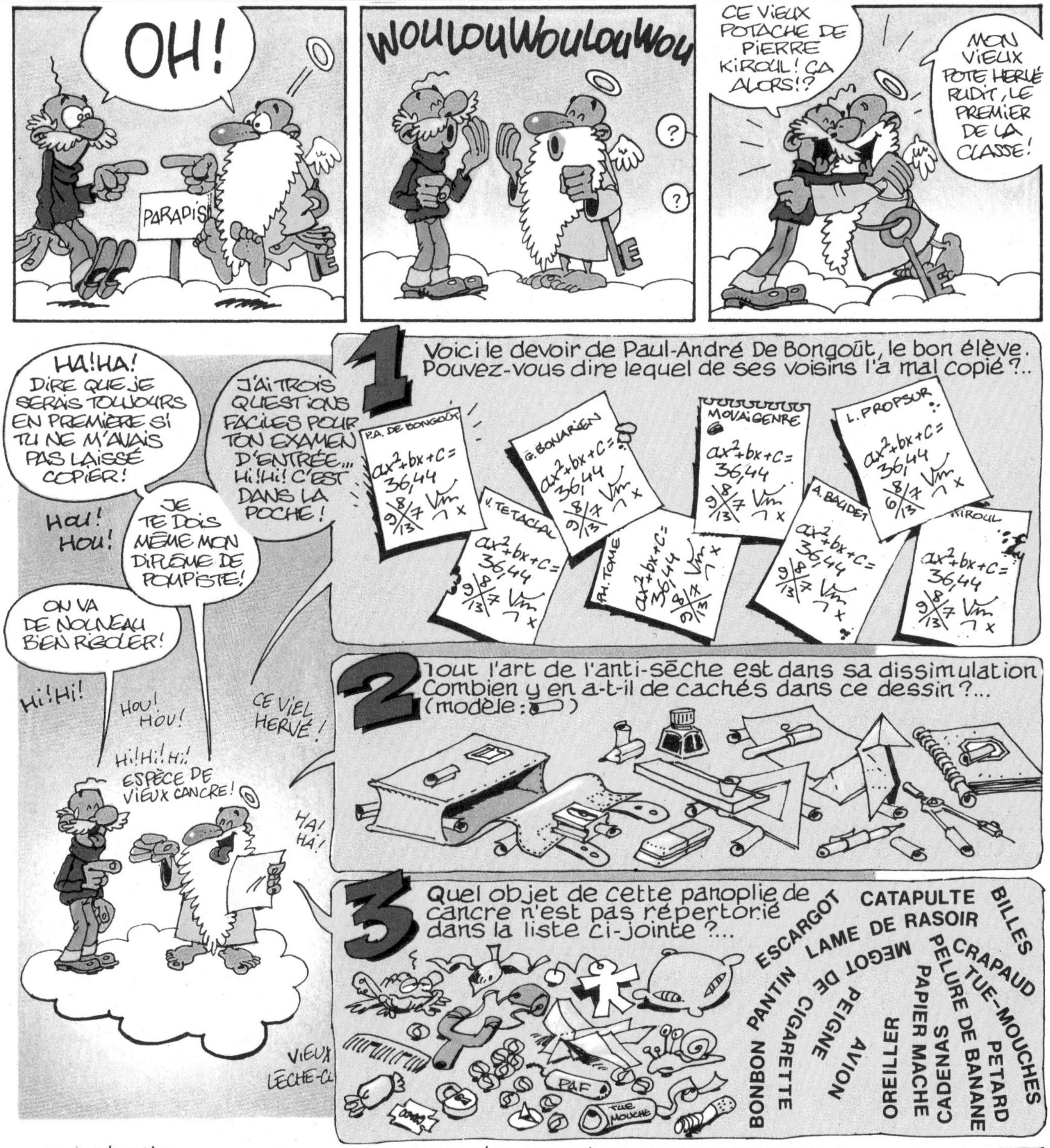

OH!
PARADIS
WOULOUWOULOUWOU
?
?
CE VIEUX POTACHE DE PIERRE KIROUL ! ÇA ALORS !?
MON VIEUX POTE HERVÉ RUDIT, LE PREMIER DE LA CLASSE !
HA!HA! DIRE QUE JE SERAIS TOUJOURS EN PREMIÈRE SI TU NE M'AVAIS PAS LAISSÉ COPIER !
HOU! HOU!
JE TE DOIS MÊME MON DIPLÔME DE POMPISTE !
ON VA DE NOUVEAU BIEN RIGOLER !
J'AI TROIS QUESTIONS FACILES POUR TON EXAMEN D'ENTRÉE... HI!HI! C'EST DANS LA POCHE !
HI!HI!
HOU! HOU!
HI!HI!HI! ESPÈCE DE VIEUX CANCRE !
CE VIEL HERVÉ !
HA! HA!
VIEUX LÈCHE-CU
1 Voici le devoir de Paul-André De Bongoût, le bon élève. Pouvez-vous dire lequel de ses voisins l'a mal copié ?..
P.A. DE BONGOÛT
G. BONARIEN
MOVAIGENRE
L. PROPSUR
V. TETACLAC
M. TOME
A. BAUDET
KIROUL
2 Tout l'art de l'anti-sèche est dans sa dissimulation Combien y en a-t-il de cachés dans ce dessin ?... (modèle :)
3 Quel objet de cette panoplie de cancre n'est pas répertorié dans la liste ci-jointe ?...
BONBON
PANTIN
ESCARGOT
LAME DE RASOIR
CATAPULTE
BILLES
MEGOT DE CIGARETTE
PEIGNE
AVION
OREILLER
PAPIER MACHE
PELURE DE BANANE
CRAPAUD
TUE-MOUCHES
PETARD
CADENAS
PAF
TUE MOUCHE
...VOILA ! MAIS J'AI UN DOUTE POUR LA SECONDE QUESTION ! TU M'AIDERAS UN PEU, TU ME DOIS BIEN ÇA ! HEIN ?
HEU...
M... MAIS C'EST QUE JE NE PEUX PAS ! HEU... TU DOIS TROUVER TOUT SEUL ! JE SUIS UN SAINT MAINTENANT ! JE NE PEUX PLUS TRICHER !
ENFIN, TU COMPRENDS ?
JE NE PEUX PAS.
À LA FEMAINE PROFAINE, LES V'AMIS...
LÂCHEUR !
INGRAT !
FAUX FRÈRE
VA DONC, HÉ, NOMBRIL !
TRAÎTRE !
ENFER
8

SOLUTIONS : 1 : Il s'agit du devoir de Louis Propsur - 2 : 17 - 3 : Une punaise.

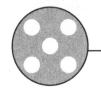

S	E	M	E	S	T	R	I	E	L
O	P	E	R	E	S	•	C	R	I
M	I	N	E	•	A	L	O	S	E
N	E	T	•	B	R	A	N	•	U
A	S	I	L	E	•	N	E	E	•
M	•	O	U	T	I	L	•	M	G
B	O	N	N	E	M	A	M	A	N
U	R	N	E	•	P	I	A	N	O
L	I	E	•	F	U	R	I	E	S
E	N	S	E	R	R	E	•	R	E

T.J.

H	I	R	O	N	D	E	L	L	E
I	N	A	B	O	U	T	I	E	S
P	A	T	I	N	E	R	•	S	T
P	U	E	•	E	L	I	M	E	R
O	G	R	E	•	L	E	I	•	A
C	U	•	N	O	I	R	A	U	D
A	R	•	R	I	S	S	O	L	E
M	E	L	E	N	T	•	U	T	•
P	E	I	N	T	E	S	•	R	U
E	S	S	E	•	S	A	T	A	N

C	A	P	P	U	C	C	I	N	O
A	V	I	A	T	R	I	C	E	S
R	A	L	L	I	E	M	E	N	T
I	R	E	•	L	U	E	•	E	R
C	E	S	S	E	S	•	O	S	E
A	S	•	E	M	E	U	S	•	I
T	•	A	L	E	•	S	T	U	C
U	R	G	E	N	T	E	•	N	O
R	I	A	N	T	E	•	A	I	L
E	S	S	E	•	L	O	U	E	E

Ludo

Mathy, Bailly & Lapière

ET TOI, LUDO, TU AS TROUVÉ QUELQUE CHOSE ?
OUI ...
ÇA !
J'AVAIS DIT UN ROMAN, POUR UNE FOIS ...
CASTAR
HO, TU PEUX M'ACHETER UN ROMAN, MAIS JE VEUX ÇA AUSSI,
ON NE DIT PAS JE VEUX, MAIS JE VOUDRAIS BIEN ...
MONTRE-LE-MOI,
C'EST UNE NOUVELLE REVUE DE BANDES DESSINÉES POUR ENFANTS, MADAME ... C'EST ÉDITÉ PAR GRUBER & SHON ET, MA FOI, C'EST ASSEZ BIEN FAIT.
DEDANS, IL Y A UNE NOUVELLE BD, "INSPECTEUR CASTAR", ÇA A L'AIR VRAIMENT TERRIBLE !
BON, BON ...
D'ACCORD, JE LE PRENDS AUSSI,
COOL !
LIBRAIRIE
MERCI, M'MAN ! ... JE LE FERAI LIRE À PAPA ...

ÇA LUI DONNERA P'T-ÊTRE DES IDÉES POUR ARRÊTER LES BANDITS.
LUDOVIC...
C'EST VRAI, QUOI... DEPUIS QU'IL EST POLICIER IL N'A JAMAIS COINCÉ PERSONNE.
ON TE L'A DIT MILLE FOIS, LUDO, IL ÉTAIT À L'ADMINISTRATION, DANS DES BUREAUX.
OUI, MAIS PLUS MAINTENANT.
ÇA FAIT À PEINE UN MOIS QU'IL PATROUILLE EN VOITURE... ET PUIS, CE N'EST PAS ÇA LE PLUS IMPORTANT.
À LA TÉLÉ, ILS DISENT QU'IL Y A DE PLUS EN PLUS DE VOLS, DE CRIMES ET D'ASSASSINATS ET QUE LA VILLE EST LA MOINS SÛRE DE...
IL NE FAUT PAS CROIRE CE QU'ON DIT À LA TÉLÉ, C'EST DU BONIMENT.
OUAIS... BON... ON EST TOUJOURS OBLIGÉ DE CROIRE SES PARENTS, ALORS ?
FADA
POURQUOI ON S'ARRÊTE ?
JE DOIS SIGNER DES PAPIERS POUR LES ALLOCATIONS... TU VIENS AVEC MOI OU TU RESTES ICI ?
JE RESTE DANS L'AUTO. JE VAIS LIRE MON CASTAR.
ÇA NE PRENDRA PAS PLUS DE CINQ MINUTES.
PRENDS LE TEMPS QU'IL TE FAUT !
AH !
... VOILÀ ... "INSPECTEUR CASTAR ET L'INVENTION DU PROFESSEUR BENJAMIN".
CASTAR

Castar magazine

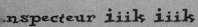

nspecteur iiik iiik

nick, nack

& junior

fox polder

1

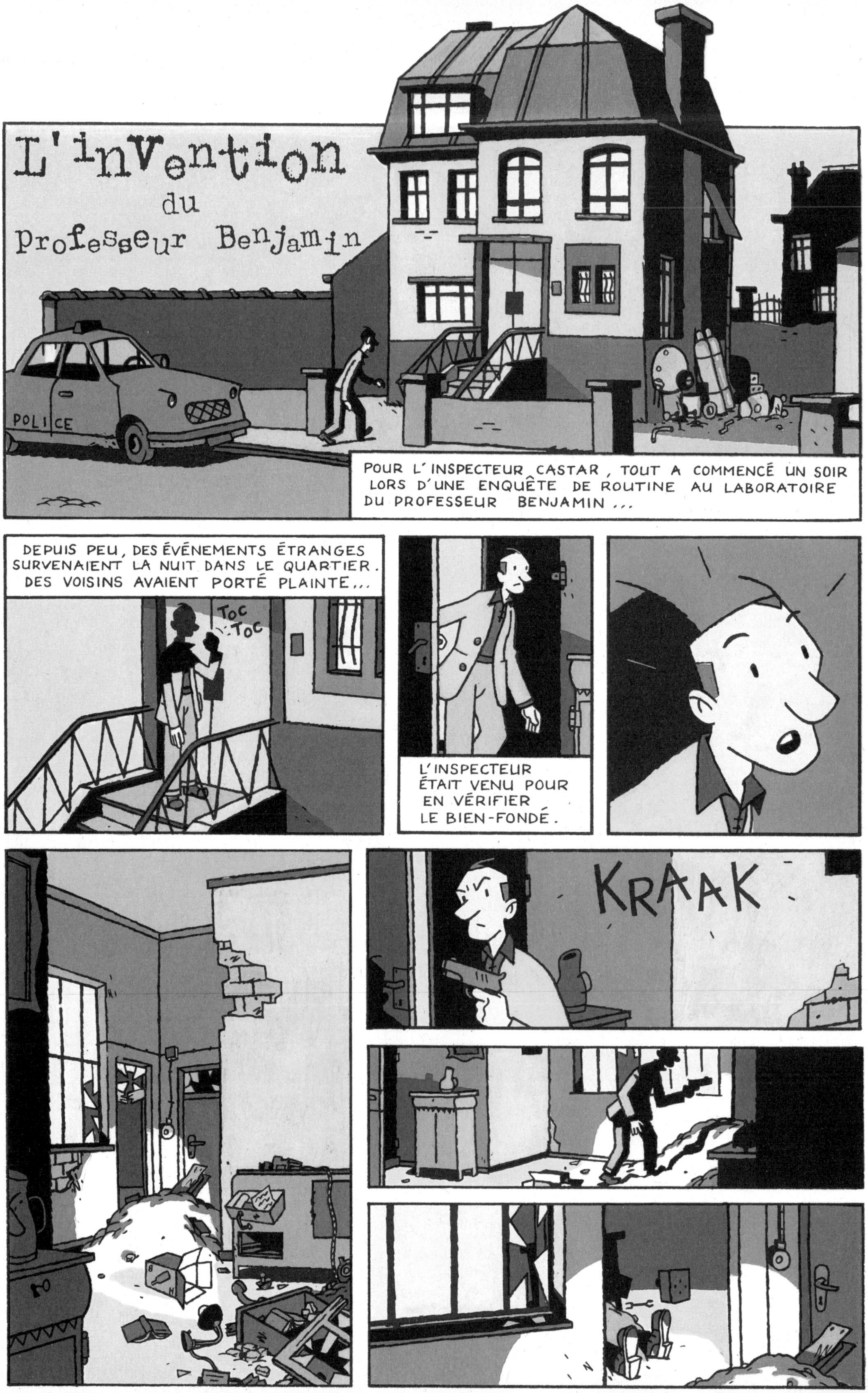
L'invention du professeur Benjamin
POLICE
POUR L'INSPECTEUR CASTAR, TOUT A COMMENCÉ UN SOIR LORS D'UNE ENQUÊTE DE ROUTINE AU LABORATOIRE DU PROFESSEUR BENJAMIN...
DEPUIS PEU, DES ÉVÉNEMENTS ÉTRANGES SURVENAIENT LA NUIT DANS LE QUARTIER. DES VOISINS AVAIENT PORTÉ PLAINTE...
TOC TOC
L'INSPECTEUR ÉTAIT VENU POUR EN VÉRIFIER LE BIEN-FONDÉ.
KRAAK

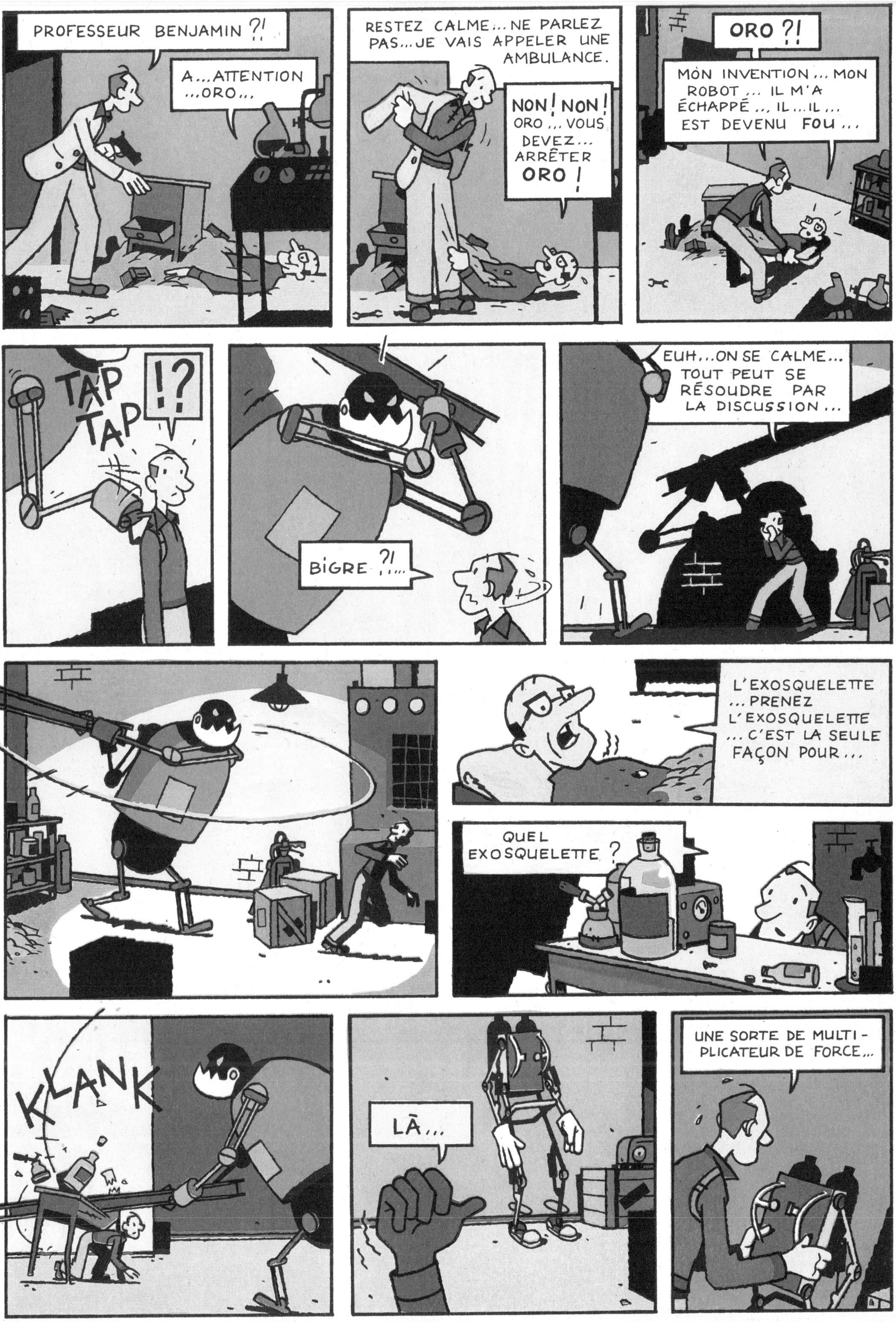
PROFESSEUR BENJAMIN ?!
A... ATTENTION ...ORO...
RESTEZ CALME... NE PARLEZ PAS... JE VAIS APPELER UNE AMBULANCE.
NON! NON! ORO ... VOUS DEVEZ... ARRÊTER ORO !
ORO ?!
MON INVENTION ... MON ROBOT ... IL M'A ÉCHAPPÉ ... IL ... IL ... EST DEVENU FOU ...
TAP TAP
!?
BIGRE ?!...
EUH... ON SE CALME... TOUT PEUT SE RÉSOUDRE PAR LA DISCUSSION ...
L'EXOSQUELETTE ... PRENEZ L'EXOSQUELETTE ... C'EST LA SEULE FAÇON POUR ...
QUEL EXOSQUELETTE ?
KLANK
LÀ...
UNE SORTE DE MULTI-PLICATEUR DE FORCE ...

KLIK
BLAM
...BIGRE...
ÇA FONCTIONNE PLUTÔT BIEN !...
PROFESSEUR... COMMENT PEUT-ON ARRÊTER VOTRE TAS DE FERRAILLE ?
...SUR LE VENTRE... UNE TRAPPE... LE DÉSACTIVER...
SUR LE VENTRE ?!... VOUS N'AVEZ RIEN DE PLUS FACILE, NOM D'UNE PIPE ?... VOUS AURIEZ PU PRÉVOIR UNE COMMANDE À DISTANCE !
TANT PIS... AUX GRANDS MAUX...
?
...LES GRANDS REMÈDES !
KRAAK

ON
OFF
BIGRE...
ON DIRAIT QUE J'AI RÉUSSI ...
MAIS ?!
NOM D'UNE PIPE, IL DOIT BIEN Y AVOIR UN MOYEN DE SORTIR DE VOTRE INVENTION !...
VOUS M'ENTENDEZ, PROFESSEUR ?...
PROFESSEUR !?
HÉMORRAGIE CÉRÉBRALE ... LE PROFESSEUR BENJAMIN A SOMBRÉ DANS UN COMA PROFOND... IMPOSSIBLE DE VOUS DIRE QUAND IL EN SORTIRA...
POLICE

AH MAIS NON, IL FAUT QU'IL SE RÉVEILLE, JE DOIS SORTIR DE CE TRUC.
DU CALME, INSPECTEUR, NOUS TROUVERONS PEUT-ÊTRE, LE MODE D'EMPLOI PARMI LES DÉCOMBRES DU LABORATOIRE...
...VOUS DITES QUE... CELA VOUS DONNE UNE FORCE DÉCUPLÉE?
JE VAIS VOUS MONTRER.
BOUGEZ-VOUS DE LÀ, JE M'EN CHARGE!
EXTRAORDINAIRE!
INSPECTEUR, PUISQUE VOUS ÊTES PRISONNIER DE CET ENGIN, JE VOUS PRENDS À MON SERVICE PERSONNEL... VOUS SEREZ DISPENSÉ DE VOS TÂCHES HABITUELLES... JE VOUS NOMME AGENT SPÉCIAL!
POLICE
HEU... MERCI, COMMISSAIRE, MAIS JE...
PAS DE MERCI, VENEZ PLUTÔT AVEC MOI...
JE NE PEUX MALHEUREUSEMENT PAS AJUSTER VOTRE SALAIRE... VOUS SAVEZ, LA CRISE...
...DITES...JE...J'AI EU UN PETIT ENNUI EN VENANT ...UN COUP UN PEU BRUTAL SUR LA BORDURE AVEC MA VOITURE...
IL SE FAIT QUE LE CRIC EST INUTILISABLE, ET ...
CASTAR, VOUS ÊTES LA CHANCE DE CETTE VILLE!
À CE MOMENT-LÀ, L'INSPECTEUR CASTAR COMPRIT QU'IL N'ÉTAIT PAS PRÈS DE SORTIR DU MULTIPLICATEUR DE FORCE DU PROFESSEUR BENJAMIN...
fin

CASTAR
COOL ! VOILÀ CE QU'IL FAUDRAIT À PAPA, UN TRUC COMME CASTAR ! UN MULTIPLICATEUR DE FORCE !
... À CONDITION, BIEN SÛR, QU'IL NE L'UTILISE PAS POUR ME FLANQUER DES FESSÉES ...
HÉ HÉ HÉ !
AU VOLEUR ! AU SECOURS !!
!?
AU VOLEUR !
C'EST UN TYPE QUI A VOLÉ LE SAC D'UNE DAME ?! ... HÉ !! ... IL VIENT PAR ICI !
BIGRE ! C'EST UNE AFFAIRE POUR L'INSPECTEUR CASTAR ...
... ATTENTION ...
PLF !
A3

!?
ET MAINTENANT, AUX GRANDS MAUX ...
... LES GRANDS REMÈDES ! ... OUPS !
VLAM
HOOOOO !
LUDO ?! ... MAIS ?!
MONSIEUR RUISSEAU ?!
VOUS VOLEZ LE SAC DES VIEILLES, MAINTENANT ?
MAIS NON, JUSTEMENT, JE POURSUIVAIS LE VOLEUR AVEC STOOMY !
VOYOU ! DÉGÉNÉRÉ ! PUNK ! CHÔMEUR !
TU FAIS PARTIE DE LA MÊME BANDE, HEIN, PETIT DROGUÉ ?!
MADAME, NON ! C'EST UNE ERREUR ! ... IL CROYAIT QUE J'ÉTAIS LE VOLEUR !
LÂCHEZ-MOI !
OUAH
OUAH !
REGARDEZ ! ... STOOMY L'A RÉCUPÉRÉ, VOTRE SAC !
MON DIEU ! ENLEVEZ-LE-LUI ! IL VA LE DÉCHIRER !
BRAVO, STOOMY !
UN SAC EN CUIR D'AUTRUCHE ! IL EST MACULÉ DE LA BAVE DE VOTRE SALE CHIEN !

GRMBL ... JE PARIE QU'ILS M'ONT VOLÉ QUELQUE CHOSE ...
VOUS POURRIEZ DIRE MERCI !
PINTADE !
MONSIEUR RUISSEAU ...
HM ?
J'AI L'IMPRESSION QUE ÇA NE DOIT PAS ÊTRE FACILE D'ÊTRE POLICIER DANS CETTE VILLE ...
TU PENSES À TON PÈRE, HEIN ?...
C'EST PAS SEULEMENT NOTRE VILLE, LUDO ...
TOUTES LES VILLES SONT LES MÊMES ... ET PARFOIS, JE ME DIS QUE LA VILLE EST BIEN LE DERNIER ENDROIT OÙ DEVRAIENT VIVRE LES GENS.
AU FAIT, TU APPRENDS LE JUDO, TOI, MAINTENANT ?
NON ... J'AI JUSTE FAIT COMME L'INSPECTEUR CASTAR !
BONJOUR, MONSIEUR RUISSEAU !
BONJOUR, MADAME ...
AH, M'MAN ... JE ... J'AI VU MONSIEUR RUISSEAU SUR LE TROTTOIR ET JE LUI AI DIT QU'IL POUVAIT REVENIR AVEC NOUS, PUISQU'IL HABITE LE MÊME BUILDING !
MAIS, BIEN ENTENDU ...
TOUT LE MONDE EN VOITURE !
OUAIS, COOL ! ... HEU, JE VEUX DIRE ... BIGRE !
fin
Denis Lapière
Pierre Bailly 1996

Cédric

Laudec & Cauvin

DIS CÉDRIC, TA COMMUNION, ÇA S'ÉTAIT BIEN PASSÉ?
PFFF... NE M'EN PARLE PAS!..
JE M'EN SOUVIENS COMME SI C'ÉTAIT HIER! ÇA A COMMENCÉ DÈS LE MATIN! MES PARENTS M'AVAIENT ACHETÉ UN COSTUME EXPRÈS POUR CE JOUR-LÀ...
VOUS N'ALLEZ PAS M'OBLIGER À SORTIR HABILLÉ COMME ÇA?
QU'EST-CE QUE TU LUI REPROCHES?
C'EST VRAI ÇA! IL TE VA TRÈS BIEN!
TU PARLES! IL N'Y A QUE PÉPÉ QUI TROUVAIT ÇA DRÔLE...
OUAHAHAHAHA
PAPA, S'IL TE PLAÎT!
ENSUITE, IL Y A EU LES SOULIERS...
DES SOULIERS TOUT NEUFS...
ACHETÉS AUSSI EXPRÈS POUR CE JOUR-LÀ
MARCHE UN PEU POUR VOIR...
TOUT DE MÊME, JE ME DEMANDE SI TU NE LES AS PAS PRIS UN PEU PETITS...
MAIS NOOON! TU VERRAS, QUAND IL LES AURA PORTÉS UN CERTAIN TEMPS IL S'Y HABITUERA!
OUIE!
AÏE! AÏE!
AÏE AÏEAÏE
CRRR
CRRR CRRR
CRRR
J'AI JAMAIS TANT ENVIÉ MON ONCLE ALBERT, QUE CE JOUR-LÀ
QU'EST-CE QU'IL A, TON ONCLE ALBERT?
IL EST CUL-DE-JATTE!
64/1

C-A. MIGNER

ET TON GRAND-PÈRE?
OH LUI... JUSQUE-LÀ...
IL TROUVAIT ÇA DRÔLE...
OUAHAHAHAHAHAHA
HOU HOU HI HI HAHAHA
HI HI HI
JUSQU'AU MOMENT OÙ...
ET À PRÉSENT, À TOI PAPA!
VOUS N'ALLEZ TOUT DE MÊME PAS ALLER À L'ÉGLISE VÊTU COMME UN PAYSAN DU DANUBE?
QU'..? QUOI, MOI?
À CE MOMENT-LÀ, JE DOIS DIRE QUE C'EST MOI QUI AI TROUVÉ ÇA DRÔLE!
HAHAHAHAHA
HI HI
WAF HI HI HI
GARGL
HI HI
HI HI
HOU HOU
APRÈS ÇA, ON S'EST TOUS RENDUS À L'ÉGLISE...
ALORS LÀ, QUESTION HABILLEMENT, JE ME SUIS VITE APERÇU QUE JE N'AVAIS PAS ENCORE TROP À ME PLAINDRE... IL Y AVAIT PLUS RIDICULE QUE MOI... FÉLIX, PAR EXEMPLE...
ET PUIS CHRISTIAN...
PFFF...
ET SURTOUT NICOLAS D'AULNAY DES CHARENTES DU VENTOUX...
64/2

ET LA MESSE, ELLE A DURÉ LONGTEMPS ?
DEUX HEURES ! L'ABBÉ N'ARRÊTAIT PAS DE PARLER...
ENSUITE, ON EST REVENUS À LA MAISON ! LE RESTE DE LA FAMILLE NOUS Y ATTENDAIT...
CEUX QUI N'AVAIENT PAS PU ASSISTER À LA CÉRÉMONIE...
NOUS AVONS VOULU ENTRER...
MAIS QUAND ON A VU LE MONDE QU'IL Y AVAIT, ON A PRÉFÉRÉ VOUS ATTENDRE ICI !
ET CEUX QUI ÉTAIENT VENUS UNIQUEMENT POUR MANGER...
QUAND EST-CE QU'ON PASSE À TABLE ?
T'AS REÇU DES CADEAUX ?
OUAIS !
SIX STYLOS À BILLE, DEUX APPAREILS PHOTOS À JETER APRÈS EMPLOI, UN BÉNITIER, UN BOUQUIN SUR LA VIE DES KOALAS EN NOUVELLE-ADÉLIE...
ET UN ALBUM DE BANDES DESSINÉES !
AH OUI ? LEQUEL ?
OOOH ! MON PAUVRE VIEUX !
ET APRÈS ?
ON EST TOUS PASSÉS À TABLE...
AU DÉBUT, ILS ONT FAIT UN PEU ATTENTION À MOI ! C'ÉTAIT MA FÊTE, APRÈS TOUT...
ENCORE UN PEU DE POTAGE, CÉDRIC ?
6413

MAIS LE TEMPS PASSANT...
'MAN !
CHHHT ! TAIS-TOI, CÉDRIC !
C'EST À BOIRE, C'EST À BOIREUU...
ET MAINTENANT, JE VAIS VOUS RACONTER LA DERNIÈRE...
CÉDRIC, VA JOUER DANS LE JARDIN...
J'AI BIEN ESSAYÉ DE PARTICIPER...
J'EN CONNAIS UNE AUSSI !
RIEN N'Y FIT ! ALORS, JE SUIS ALLÉ REJOINDRE MON PÉPÉ AU JARDIN...
HAHAHA HAHA HIHI HAHA HIHIHI HIHI HOUHOU
J'AIME BIEN MON PÉPÉ ! JE NE COMPRENDS PAS TOUJOURS CE QU'IL VEUT DIRE...
POURQUOI, JE NE PEUX PAS RESTER POUR ÉCOUTER, HEIN ? POURQUOI ?
VOIS-TU, GAMIN, TU ES DANS UNE DES DEUX PÉRIODES LES PLUS DIFFICILES DE TA VIE...
MAIS JE SAIS AU FOND DE MOI, QU'IL A RAISON...
OU BIEN, TU ES TROP JEUNE ET ON CROIT QUE TU NE PEUX PAS COMPRENDRE, OU TROP VIEUX ET ON CROIT QUE TU NE COMPRENDS PLUS !
ON EST RESTÉS LÀ JUSQU'AU SOIR... DANS LE FOND, ÇA LES ARRANGEAIT BIEN ! ILS NOUS AVAIENT PRESQUE OUBLIÉS...
SAUF POUR LE DESSERT ET LE CAFÉ...

QUAND NOUS SOMMES RENTRÉS DANS LA MAISON, IL N'Y AVAIT PLUS PERSONNE... TOUT LE MONDE ÉTAIT PARTI...
SAUF PAPA ET MAMAN, BIEN ENTENDU.
ON A FAIT SEMBLANT DE RIEN...
VOUS POURRIEZ DONNER UN PETIT COUP DE MAIN, TOUT DE MÊME !..
LAISSE-LES, CHÉRI, TU VOIS BIEN QU'ILS SONT FATIGUÉS !
ON EST ALLÉS SE COUCHER...
Z
ET C'EST LE LENDEMAIN QUE NOUS AVONS RIGOLÉ...
SALUT PÉPÉ ! EEEEH... MAIS QU'EST-CE QUI SE PASSE ?
HAHAHAHA! HIER, C'ÉTAIT TA FÊTE...
AUJOURD'HUI, C'EST LA SIENNE !
C'EST TOUJOURS PAREIL AVEC TOI, ROBERT ! QUAND ON NE SAIT PAS BOIRE, ON NE BOIT PAS !
C'EST... C'EST TOUT ?
C'EST TOUT !
MOI, MA COMMUNION, C'EST POUR LE MOIS PROCHAIN...
BEN, MON PAUVRE VIEUX !
64/5

Les Crannibales

Fournier & Zidrou

BÉBÉ Shop
Je peux vous aider, Madame?
Je voudrais un siège de voiture pour bébé. Quelque chose de solide.
BIB SHOW
Nous avons ce modèle inspiré des sièges des avions de chasse...
Non! Non! Il risquerait de se détacher lui-même!
Je vois, le petit passager est particulièrement remuant, c'est cela? Alors je vous conseille le modèle "Optimal security" de "Baby-fix"!
Triple jeu de ceintures en nylon, renforts latéraux, air-bags de série...
BABY FIX!
Et, astuce suprême, un système d'ouverture qui se déclenche uniquement à l'aide de cette télécommande!
Croyez-moi, quand on est attaché dans ce siège, c'est pour de bon!
Amiam! Amiam!
ArGnn!
Taratata!
FOURNIER - ZIDROU

Les Crannibales

Fournier & Zidrou

C'EST UNE HONTE!
NOUS CROULONS SOUS LA NOURRITURE LEUR VENTRE CRIE FAMINE!
ASSEZ
POUR LA FIN DE LA FAIM DANS LE MONDE
DONNONS DE NOUS-MÊMES!
À MANGER POUR LES AFFAMÉS!
FAUT QUE ÇA CHANGE!
C'EST UNE HONTE
LA FIN DE LA FAIM
LE MONDE!
C'EST QUAND VOUS VOULEZ!
DES ACTES PAS DES PAROLES!
À MANGER POUR LES AFFAMÉ
DONNONS DE NOUS-MÊMES!
Fournier _ Zidrou

Les Crannibales

Fournier & Zidrou

À votre droite, le Col de la Rapedière qui culmine à plus de 1600 m. d'altitude.
Toujours à votre droite, mais plus bas, la Vallée de la Sonelle
Devant vous, un autocar fonçant à vive allure.
À votre droite : le ravin.
Admirez au passage la beauté sauvage de la végétation.
J'ai compris ! C'est encore moi le premier de corvée !
À votre droite : la bouteille de rosé. À votre gauche, la mayonnaise.
Faites-le taire !
Fournier - Zidrou

Les Crannibales

Fournier & Zidrou

4... 3... 2... 1... Go!
Aaaaaah!
Waïe!
!?
!?
aaaaah!
?!
?!
Aaaaaah!
Quelqu'un désire encore une tranche?
Fournier - Zidrou

Les Crannibales

Fournier & Zidrou

Il était une fois un royaume où vivait une méchante reine très, très grosse.
La méchante reine s'en trouvait fort aise car, en ce royaume, la beauté d'une femme se jugeait à sa corpulence.
Mais un jour, alors que, comme à l'accoutumée, l'imposante reine interrogeait son pèse-personne...
Balance! Balance! Dis-moi: Suis-je toujours la plus belle des femmes de ce royaume?
Hélas, Majesté! Ma mémoire me signale que votre belle-fille, Boule de Neige, est plus grosse que vous.
De 3 kilos 300, pour être précis!
Quoi!? Cette pâlichonne!? Plus corpulente que moi!?
La marâtre la trouva saumâtre.
GLACES
Maigrira bien qui maigrira la dernière!

La méchante reine fit aussitôt quérir un chasseur et lui ordonna :
Tue Boule de Neige et rapporte-moi son coeur dans ce Supperware®.
Frit avec des échalotes, c'est délicieux !
Bêêêk ! J'aime pas le coeur aux échalotes !
Si c'est pour m'interrompre tout le temps, tu peux continuer à lire ton histoire tout seul !
Le chasseur fit comme le lui avait ordonné la reine: il entraîna Boule de Neige dans la forêt...
Mais là, au moment de frapper, le chasseur fut pris de remords.
Niam ! Des champignons !
Il pressa Boule de Neige de fuir le plus loin possible de sa cruelle belle-mère.
Conduisez cette jeune personne au fin fond de la forêt.
Puis, afin de dissimuler à la vilaine reine sa duplicité, le chasseur trucida un contrôleur des contributions qui rôdait par là.
On ne peut pas dire qu'il avait le coeur bien gros !
Sur ces entrefaites, la pauvre Boule de Neige était arrivée au fin fond de la forêt ...
Nous y sommes, ma petite damoiselle !
Fin fond de la forêt
Oh ! Quelle charmante maisonnette ! Qui donc peut habiter là-dedans ?!

Mon Dieu ! Quel désordre ! Cet intérieur aurait besoin d'un bon nettoyage !
Mais commençons d'abord par "nettoyer" ces frigos ! Slurp !
Oh ! Comme c'est minouche ! On dirait des lits de poupées !
Il y a des noms gravés sur les petits lits ... Qui cela peut-il bien être ?
Gourmand
Vorace
Ripailleur
Glouton
Gourmet
Boulimique
Goinfre
Or, justement, 7 nains s'en revenaient gaiement du bureau de chômage où ils venaient de dégoter un travail à temps réduit ...
EhOh ! EhOh ! On a d'nouveau du boulot !
Quelle ne fut pas leur surprise en découvrant, affalée sur leurs lits, Boule de Neige profondément endormie !
RRRZzz !
Une squatteuse !
Mazette ! qu'est-ce qu'elle est grosse !
!?!
Ben ! Faut pas se gêner !
Cette grosse dondon a bouffé toutes nos provisions !
Oh ! Des nains !
Laissez-moi deviner... Toi, tu es Gourmand.
Toi, Vorace.
Toi, Glouton.
Toi, je parierais que tu es Ripailleur.
Toi, Gourmet.
Quant à toi, tu dois être Goinfre.
Toi, Boulimique.
Perdu ! Moi, c'est Vorace !
Lui, c'est Ripailleur !
Comment ça !? Mais on avait dit que c'était moi, Ripailleur !
Lui, Gourmet !
Ah ! Mais pas du tout ! Ripailleur, c'est moi ! Toi, c'est Gourmet !
Mais je croyais que c'était moi, Gourmet ?

Pendant ce temps, au palais de la méchante reine...
Balance! Balance! Dis-moi qui est la plus belle des femmes de ce royaume.
Hélas, Majesté! Votre belle-fille Boule de Neige est toujours plus grosse que vous!
Que me chantes-tu là!? C'est impossible!
Glups! Regardez par vous-même, Majesté!
Boule de Neige! Vivante? Par quel prodige?...
Que l'on fasse venir le chasseur!
Après s'être tapé un bon rôti de chasseur, la reine descendit dans son laboratoire secret.
Burps!
Hé! Hé! Boule de Neige ne résistera pas à cette succulente crème glacée aux pommes!
À présent, faisons en sorte qu'elle ne puisse pas me reconnaître!
glou! glou! glou!
Chlim & Facht
Pof!
Parfait! Je suis laide à souhait! Niërk! Niërk! Niërk! Et maintenant, direction: la maisonnette de ces stupides nabots!

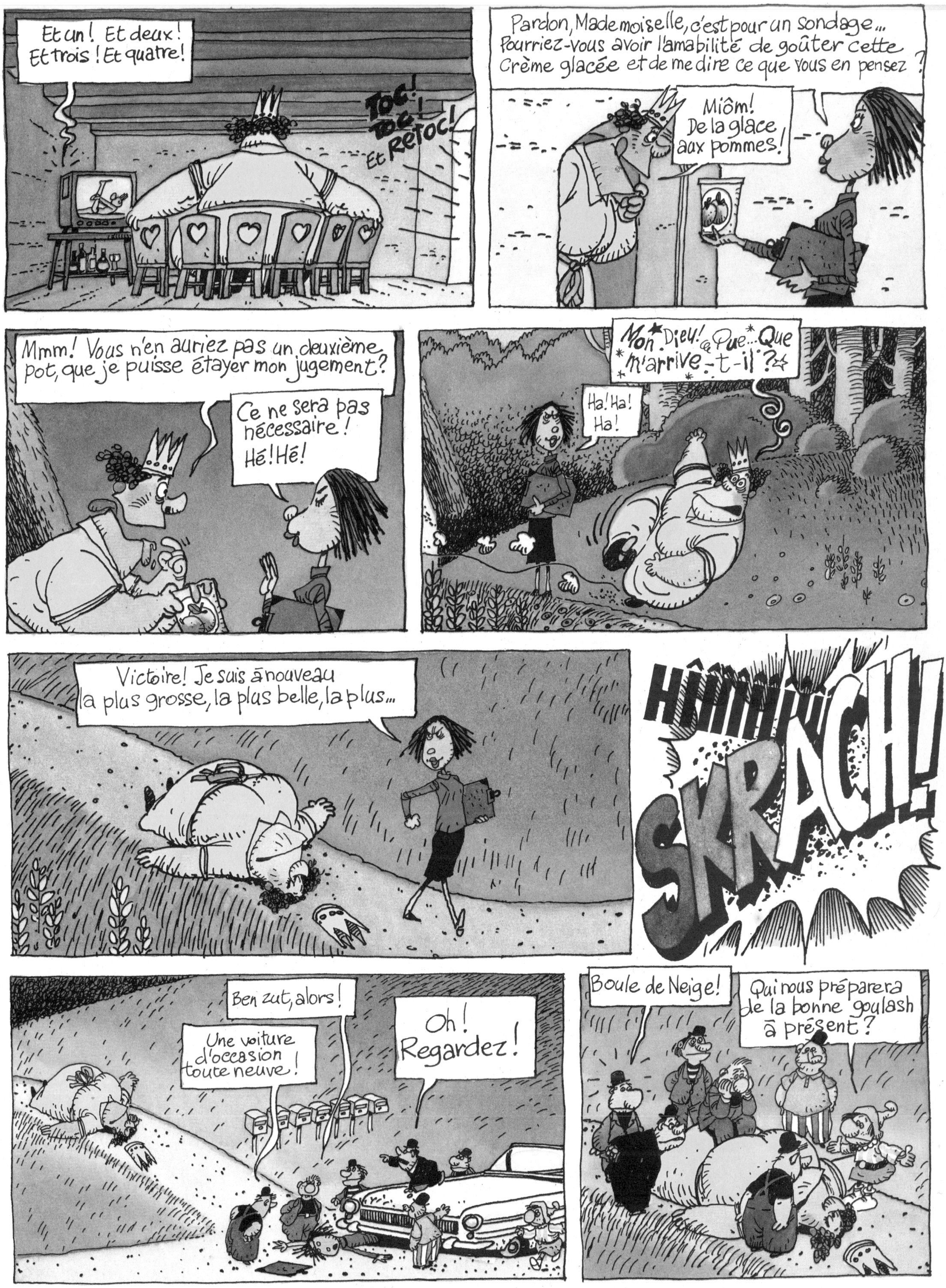
Et un! Et deux! Et trois! Et quatre!
TOC! TOC! Et RETOC!
Pardon, Mademoiselle, c'est pour un sondage... Pourriez-vous avoir l'amabilité de goûter cette crème glacée et de me dire ce que vous en pensez?
Miôm! De la glace aux pommes!
Mmm! Vous n'en auriez pas un deuxième pot, que je puisse étayer mon jugement?
Ce ne sera pas nécessaire! Hé! Hé!
Mon... Dieu! Que... Que m'arrive-t-il?
Ha! Ha! Ha!
Victoire! Je suis à nouveau la plus grosse, la plus belle, la plus...
HÎÎÎÎÎÎÎÎCH!
SKRACH!
Ben zut, alors!
Une voiture d'occasion toute neuve!
Oh! Regardez!
Boule de Neige!
Qui nous préparera de la bonne goulash à présent?

Bouhouhou!
Snif!
Ce sont toujours les meilleures qui s'en vont les premières!
Par chance, le docteur Leprince était à son cabinet.
Alors, docteur?
Rassurez-vous, Messieurs! Il existe un moyen tout simple d'annihiler les effets néfastes du poison que cette malheureuse a ingurgité...
Ah oui? Lequel?
Pop!
Faire bouillir la viande!
VIANDE PROPRE À LA consommation
Vous reprendrez bien encore un morceau, docteur Leprince?
Volontiers!
Avouez que c'eût été dommage de gaspiller de la bonne viande comme ça!
Ils bâfrèrent et eurent une bonne indigestion!
FIN
Moi, j'aime ça, les histoires qui se terminent bien!
Crunch! Miam! Slurp! Raconter des histoires, ça creuse!
Et après, papounet, SLURP! Tu me liras l'histoire du Bossu façon Notre-Dame?
!?!

Les Crannibales

Fournier & Zidrou

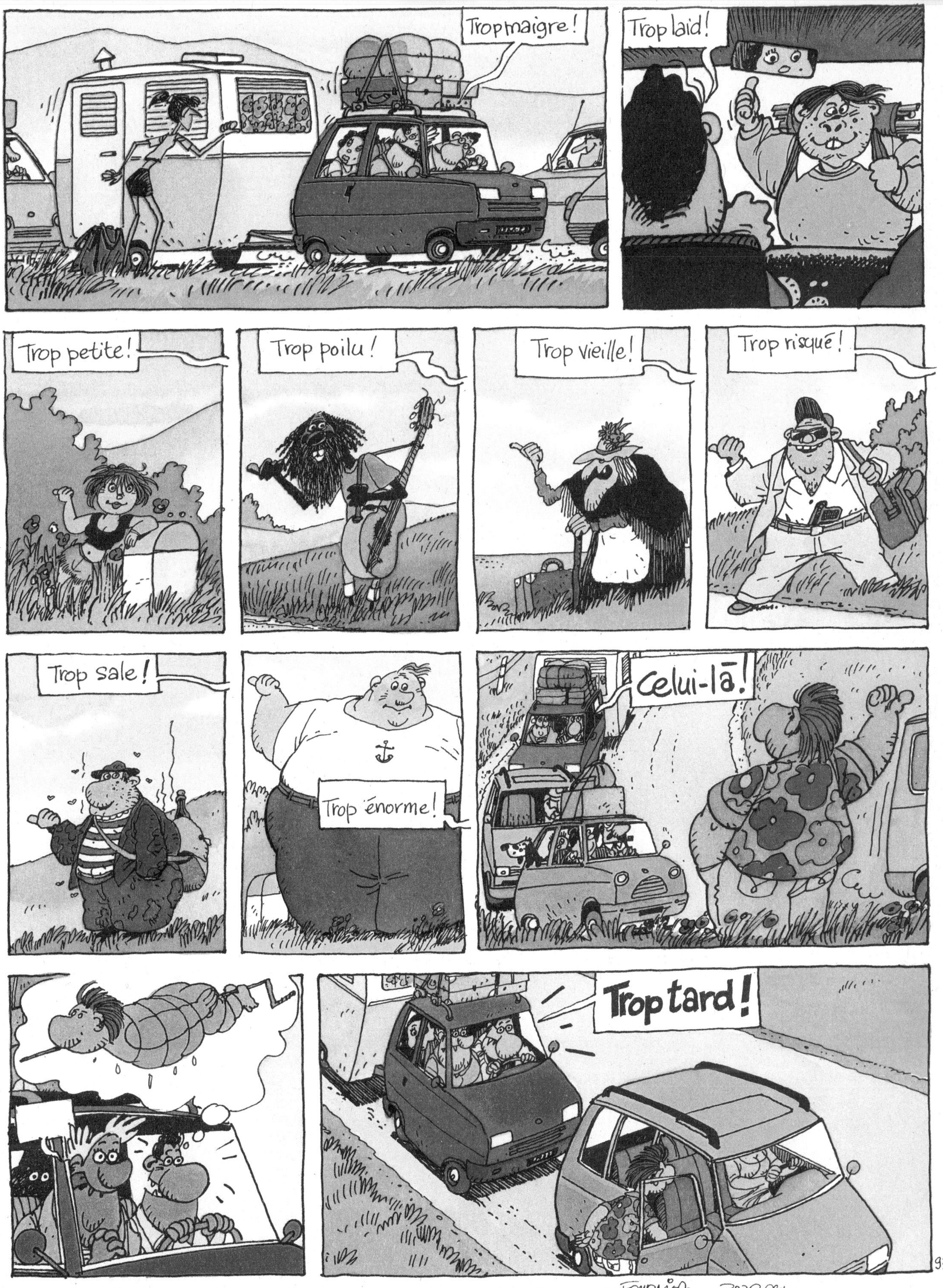
Trop maigre!
Trop laid!
Trop petite!
Trop poilu!
Trop vieille!
Trop risqué!
Trop sale!
Trop énorme!
Celui-là!
Trop tard!

Les Crannibales

Fournier & Zidrou

C'est le rôti de veuf ! Bébé a encore dû jouer avec la minuterie du four...
Au prix où est le veuf ! C'est trop bête !
Qu'est-ce qu'on va manger alors ?
Allons ! Allons ! Je suis sûr qu'en grattant un peu le brûlé...
Il doit bien rester une boîte d'index de premiers de classe quelque part !
Le congélateur !
Au four à micro-ondes, il y en a pour cinq minutes !
50/I
Fournier Zidrou

Je t'avais pourtant bien dit qu'il était temps de faire des courses !
Je suis désolé, fiston !
Bon ! D'accord !
Mais laissez-moi l'honneur de choisir la recette que vous allez suivre pour m'accommoder.
C'est la moindre des choses !
J'ai trouvé !
C'est une vieille recette traditionnelle de mon pays !
J'espère que j'ai tous les ingrédients !
Hanka chéri, tu es sûr que la viande doit boucaner au soleil pendant 48 heures ?
"... en ayant soin d'arroser régulièrement d'un verre d'huile la viande qu'une jeune fille pulpeuse enduira délicatement d'huiles aromatiques. "
C'est écrit ici !
Bon ! J'ai compris ! Je commande un livreur de pizzas !
50/II
FOURNIER ZIDROU

Les Crannibales

Fournier & Zidrou

AVIS A LA POPULATION
Vous partez en vacances ? N'oubliez pas d'en avertir le Commissariat de Police le plus proche de votre domicile.
PARTEZ RASSURÉS : NOUS VEILLONS !
Bonjour! C'est pour vous signaler que nous partons en vacances pour plusieurs semaines.
Adresse du domicile ?
13 rue James Cook.
Votre domicile est-il équipé d'un système d'alarme sophistiqué ?
Pas du tout.
Hum! Barreaux aux fenêtres? Vitres incassables? Portes blindées?
À vrai dire, les fenêtres s'ouvrent au moindre coup de vent et la porte ne ferme plus très bien à clé.
Vous avez à tout le moins pensé à installer des minuteries qui déclencheront en votre absence l'éclairage, la télévision ou un aspirateur ?
Pour quoi faire, puisque nous ne serons pas là ?
Vous êtes sûr, tant que vous y êtes, de ne pas vouloir carrément envoyer des invitations à tous les cambrioleurs de la ville ?
Bon ! J'ai compris. Je classe votre domicile dans la catégorie "À TRÈS HAUT RISQUE", au même titre que la Banque Nationale et le Musée du Diamant.
J'enverrai tous les soirs un de mes hommes surveiller de près votre domicile.
Et le chien ? Tu as demandé à quelqu'un de nourrir le chien ?
C'est fait. On lui livrera un poulet tous les soirs.
FOURNIER - ZIDROU

Garage Isidore

Olis & Gilson

...EN UN MOT COMME EN CENT, JE VOUS SUGGÈRE DE CHANGER DE VOITURE.
VOUS REFUSEZ DE ME DÉPANNER?! MOI, VOTRE MEILLEUR CLIENT?! QUI FAIS APPEL À VOUS CHAQUE SEMAINE?!
JE MÉRITERAIS UNE PRIME DE FIDÉLITÉ! UN CADEAU DE LA MAISON! ET AU LIEU DE CELA...
EUH... VOUS AVEZ RAISON. JE SUIS UN @*#*!, JE VOUS DEMANDE PARDON, ET JE VOUS DÉPANNE ILLICO.
JE PRENDS MON CÂBLE DE REMORQUAGE.
J'AIME MIEUX ÇA!
...LÀ! DONC... EUH... VOUS ME SUIVEZ... HÉHÉ!
?
...ET ZOU! PETIT CROCHET PAR LA RUE HÉVERLOR, LA PLUS ATROCE ...
... DE LA VILLE! ZOPLAÏT!
?!
BOMP
BOMP
CLONG
BELENG
SBLONG
CRANK
BROUF
... EN PRIME DE FIDÉLITÉ, LA MAISON VOUS FAIT CADEAU DE CETTE LAMPE À SOUDER ET VOUS SOUHAITE BIEN DU PLAISIR!

Garage Isidore

Olis & Gilson

BLORBL ORBL
CONCENTRATION...
BRINGS
YORGL
ZUT
ZUT! ZUT!
BRINGS AÏE
JE
EUH
M'EXCUSE
EUH

Garage Isidore

Olis & Gilson

AH! VOUS ÊTES LÀ! ME VOICI! FERMEZ PAS LE CAPOT!
VROÔÔ
EUH... ENFIN, ME VOICI! "QUEL SOULAGEMENT", VOUS DITES-VOUS, PAS VRAI?
OUSTE MONSIEUR! ÇA FAIT DEUX HEURES QUE JE VOUS ATTENDS.
...OOH! MAIS TOUT EST BOUSILLÉ LÀ-DEDANS! C'EST ABOMINABLE!
JE N'AI PLUS BESOIN DE VOUS!
MAIS PAR BONHEUR, ISIDORE EST LÀ! HOURRA!
ZZZZZ
ZIDO EST ARRIVÉÉÉ LE GRAND ZIDO...
BON! SOYONS SÉRIEUX. VOUS M'AVEZ APPELÉ, JE SUIS LÀ. SI VOUS AVEZ TROUVÉ LE TEMPS LONG, RIEN NE VOUS EMPÊCHAIT D'APPELER ...
VROOM
DOING
...QUELQU'UN D'AUTRE? L'IDÉE M'EST VENUE, FIGUREZ-VOUS!
DÉPANNAGE LAMORDACHE

Garage Isidore

Olis & Gilson

...COMMENT AVEZ-VOUS RÉUSSI VOTRE COUP?
BÔÔÔÔÔÔÔH... Y A UN CABOT QUI A TRAVERSÉ... HIC!
CE N'ÉTAIT PAS UN ÉLÉPHANT ROSE, PLUTÔT?
UN...? HIHIHIHIHI! P'TÊT' BEN UN TRUC DANS C' GOÛT-LÀ, OUAIS! HIC!
SI VOUS AVEZ BESOIN D'AIDE, CHUIS PRÉSENT, HEIN...
HIC!
HO, DITES! FAUT PAS POUSSER BOBONNE DANS LES...
HÉÉ!!
OUPS!
BEN ALORS! MA BAGNOOLE!!
CRRRRRRRRRRRR
FAUDRAIT P'TÊT' RÉAGIR! ELLE VA S'ÉCRASER DANS UN BUISSON D'ORTIES!...
MA DÉPANNEUSE!!
REMONTER, VITE! POURVU QUE TOUT TIENNE!
CLAC
CRRRR
... ÇA VA, YVONNE?
HEIN?!
CHÈRE MADAME, J'AI TOUT VU! FÉLICITATIONS! FAIRE DU SAUT À L'ÉLASTIQUE EN VOITURE, C'EST TRÈS FORT!
APPELEZ LE GUINNESS, MON VIEUX!
VACHE DE PANORAMA, ICI ...

Garage Isidore

Olis & Gilson

ET POURQUOI JE NE M'INSTALLERAIS PAS À MON COMPTE, MOI?!
?
MAIS MAIS MAIS! LA CHOUETTE IDÉE QUE VOILÀ!
MAIS SOUDAIN... PATATRAS! ON SE RAPPELLE QUE TU NE SAIS TOUJOURS PAS DISTINGUER LE CARBU DU DELCO... HÉÉÉ OUI! ADIEU VEAU, VACHE, ETC.!
NON, M'SIEUR'ZID. J'EN SAIS PLUS QUE VOUS CROYEZ. TENEZ, JE VOUS PARIE UN RESTO QUE POUR CE SOIR, JE FAIS ROULER LA JEEP!
...DONC, CE SOIR: RESTO AUX FRAIS DU PATRON?
MAIS BIEN SÛR, PUISQUE L'APPRENTI L'AURA ÉPATÉ!
CE "GRAND CORNIAUD" D'APPRENTI...
BON. ÇA, C'EST LE CARBU. ALORS...
ET ON NE M'ÉNERVE PAS, S.V.P.!
BREF, LE SOIR...
O.K. FISTON! T'AS GAGNÉ! C'EST MOI QUI INVITE!
GARAGE
...MAIS LAISSE TOMBER ET ALLONS-Y À PIED! TU VAS T'ÉPUISER!
D'AUTANT QUE J'AI LAISSÉ LE FREIN À MAIN, VACHE QUE JE SUIS!
P... PAS QUESTION! UN PARI EST UN PARI!
GARAGE ISIDORE
Olis & Gilson

Garage Isidore

Olis & Gilson

... EN TOUT CAS, C'EST UNE CHANCE QUE VOUS SOYEZ TOMBÉ SUR MOI!
ISIDORE TOMBE TOUJOURS À PIC SUR LES INFORTUNES DE LA ROUTE!
C'ÉTAIT DONC ÇA?
MAIS À L'AVENIR, VÉRIFIEZ SI VOUS AVEZ DE L'ESSENCE AVANT DE PRENDRE LE VOLANT!
MERCI DE PRENDRE LE VOLANT, FREDDY. JE SUIS CRE-VÉ.
VOUS VOULEZ UNE RUSTINE?
... UNE "OROSSI", CE SONT LES MEILLEURES!
RUSTINE OROSSI?... AH OUAIS TRÈS DRÔLE.
OÂÂÂÂÂÂHH
CES GENS QUI TOMBENT COMME DES SOUCHES QUAND BON LEUR SEMBLE, ÇA ME STUPÉFIE! MOI QUI...
... M... MAIS QU'EST-CE QUI SE PAÂÂÂÂÂASS
D... DORMEZ, PATRON! TOUT ...
... BAIGNE!
BRANGS
... FREDDY, TU TE DÉBROUILLES AVEC MONSIEUR. MOI, JE DORS. À PLUS TARD.
CHER CLIENT, ALORS QUE VOUS VOILÀ DE NOUVEAU... EUH... EN PANNE, NOUS TOMBONS SUR VOUS! GRANDIOSE, N'EST-CE PAS?

Garage Isidore

Olis & Gilson

OUI, OUI... WHAOUF..., ON ARRIVE! OUI! TOUT DE SUITE!
WHAF!
M'SIEUR'ZIIIID! WHAF! INOUÏ! Y A... WHOUF! ALAIN PROST QU'EST EN PANNE PLACE HETCH OSSUR!
QUOI?QUI!
BONG
AÏE!
PROST, LE CHAMPION!
MAIS FAUT QU'J'Y FILE,
MAIS OUI! MAIS OUI! MAIS OUI!
BLURBL!... VA ME CHERCHER UNE TENUE DE CIRCONSTANCE DANS LE DEUXIÈME TIROIR DE...
VOILÀ!
QUELQUES AUTOCOLLANTS DANS LE DOS...
C'EST PARTI!
UN AUTOGRAPHE, HEIN? DEMANDEZ-LUI UN AUTOGRAPHE!
BANG
HEUPHEUP! PIMPON, LES GARS.
J'Y SUIS! MAIS ?!...
DÉPÊCHE-TOI! AYRTON SENNA A DÉJÀ TROIS TOURS D'AVANCE SUR MOI!
MIRACLE ET POÉSIE DE L'ENFANCE, TOUT ÇA...
VROÂÂÂÂ

Garage Isidore

Olis & Gilson

VOYONS VOIR CE QUI SE PASSE LÀ-DEDANS...
(GLOC)
SBLOUIIT
...LA PRESSION D'HUILE EST BONNE...
'ARRÊTER CE...
G
...HO! HO! HO! HOOO!... ET VOUS N'AVEZ PAS VU LE DIABLE QUI JAILLIT DE LA BOÎTE DE VITESSES!
GOOD JOKE
FARCES
ET
...HU HUHUUU! VOTRE CONFRÈRE D'EN FACE M'A JETÉ DEHORS DÈS LE JET D'HUILE! MAIS VOUS, ALORS! QUEL HUMOUR!...
OOH?... HI! HI! HI! HI! ENFIN UN CLIENT QUI A ASSEZ D'ESPRIT POUR SAISIR L'HUMOUR TRÈS SPÉCIAL ET SI COQUINEMENT SOURNOIS D'UNE FACTURE SALÉE!
FARCES

... ALLONS, ALLONS. UNE SEULE SUFFIT! ET J'AI AUTRE CHOSE À FAIRE, MOI, HEIN?
AU REVOIR! AU REVOIR!
ET MOI, JE VAIS VOUS PROUVER QU'IL EN FAUT DEUX. EN AVANT!
PARCE QUE MOI, JE NE RIGOLE PAS AVEC LA SÉCURITÉ, MOI!
VROM
AH NON?!
BOM
CHAUSSÉE DÉFORMÉE
VROOOOOO
"CHAUSSÉE DÉFORMÉE" QU'IL ÉTAIT MIS!
JE LE FAIS EXPRÈS!
ZOUU!
VOUS ÊTES DINGUE?!
HÉÉÉ!
BOP
BOLOM
BOLOLOM
BOLOM
... BON, L'EXTINCTEUR N'A PAS TENU. VOUS AVIEZ RAISON, IL FAUT DEUX VIS POUR LE FIXER. JE VOUS ARRANGERAI ÇA.
CHOUETTE, ALORS!
SLAM

Garage Isidore

Olis & Gilson

DADIIDADÄÄ ♪ C'EST LA FORME TIENS, MOI, CE MATIN...
CLIC
CLIC
TRULULULU
GARAGE ISIDORE-DORE, C'EST OUVERT AUJOURD'HUI, CHIC ALORS.
ALLÔ?
...VOUS ÊTES EN PANNE? CHOUETTE!
EUH, ZUT.
'Z'ÊTES OÙ?
JE VOLE.
AH, FREDDY! FAIS L'OUVERTURE!
T'ES EN RETARD, MON GARS!
M'Y VOICI... MAIS?!
?
EUH... JE VOULAIS ÊTRE SÛR D'ÊTRE DÉPANNÉ RAPIDEMENT...
?
T.V. DÉPANNAGE
GARAGE LAMORDACHE
Olis & Gilson

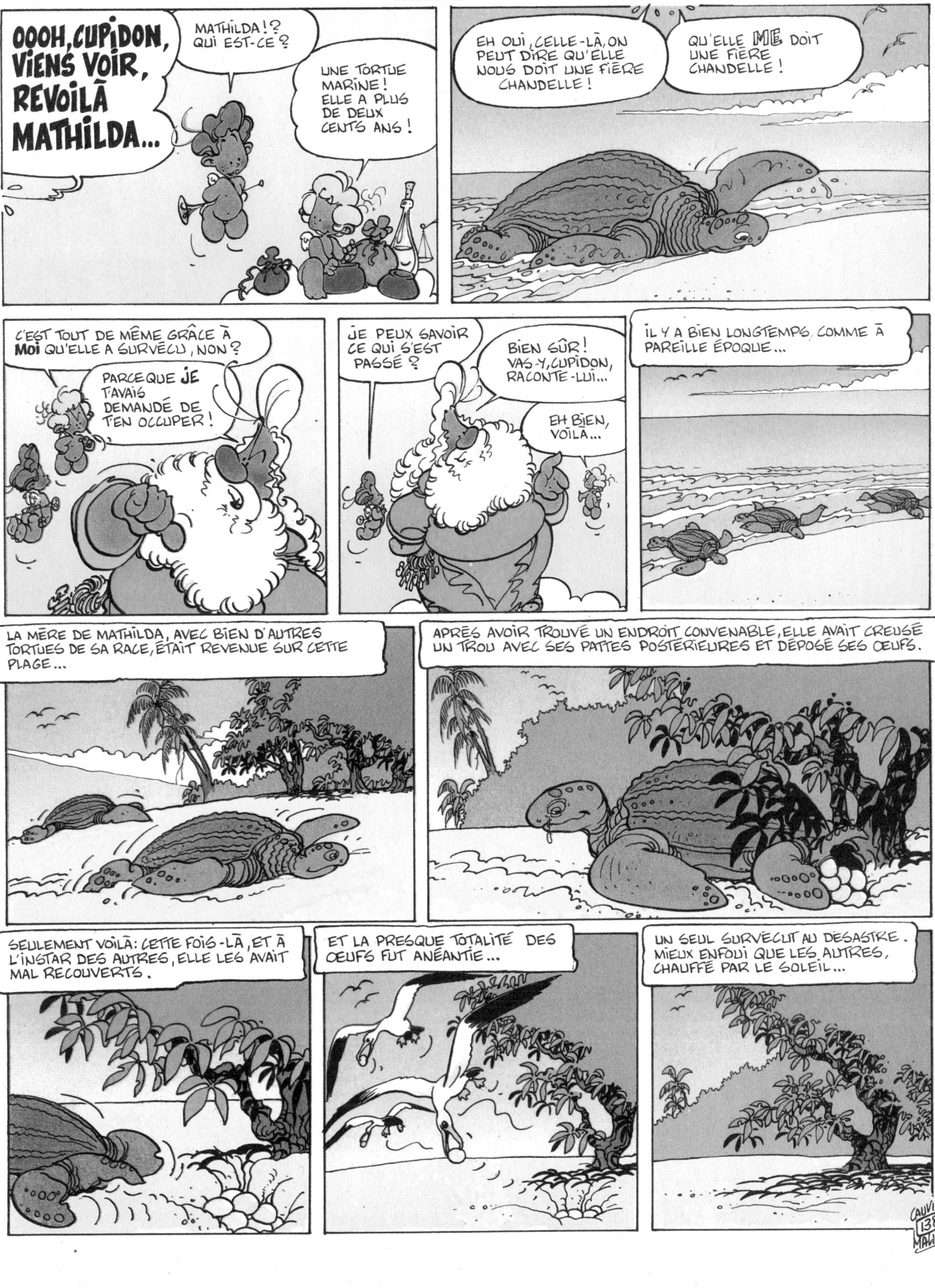
OOOH, CUPIDON, VIENS VOIR, REVOILÀ MATHILDA...
MATHILDA !? QUI EST-CE ?
UNE TORTUE MARINE ! ELLE A PLUS DE DEUX CENTS ANS !
EH OUI, CELLE-LÀ, ON PEUT DIRE QU'ELLE NOUS DOIT UNE FIÈRE CHANDELLE !
QU'ELLE ME DOIT UNE FIÈRE CHANDELLE !
C'EST TOUT DE MÊME GRÂCE À MOI QU'ELLE A SURVÉCU, NON ?
PARCEQUE JE T'AVAIS DEMANDÉ DE T'EN OCCUPER !
JE PEUX SAVOIR CE QUI S'EST PASSÉ ?
BIEN SÛR ! VAS-Y, CUPIDON, RACONTE-LUI...
EH BIEN, VOILÀ...
IL Y A BIEN LONGTEMPS, COMME À PAREILLE ÉPOQUE...
LA MÈRE DE MATHILDA, AVEC BIEN D'AUTRES TORTUES DE SA RACE, ÉTAIT REVENUE SUR CETTE PLAGE...
APRÈS AVOIR TROUVÉ UN ENDROIT CONVENABLE, ELLE AVAIT CREUSÉ UN TROU AVEC SES PATTES POSTÉRIEURES ET DÉPOSÉ SES OEUFS.
SEULEMENT VOILÀ : CETTE FOIS-LÀ, ET À L'INSTAR DES AUTRES, ELLE LES AVAIT MAL RECOUVERTS.
ET LA PRESQUE TOTALITÉ DES OEUFS FUT ANÉANTIE...
UN SEUL SURVÉCUT AU DÉSASTRE. MIEUX ENFOUI QUE LES AUTRES, CHAUFFÉ PAR LE SOLEIL...
CAUVIN 138 A MALIK

...AU BOUT DE QUELQUES MOIS, IL NAQUIT AVEC LES CENTAINES D'AUTRES...
C'EST À CE MOMENT QUE LES PETITES TORTUES AFFRONTENT LES MOMENTS LES PLUS DANGEREUX DE LEUR EXISTENCE...
...TANDIS QUE, INSTINCTIVEMENT, ELLES COURENT FRÉNÉTIQUEMENT VERS L'EAU, ELLES SONT DÉCIMÉES PAR LES OISEAUX...
...OU LES CRUSTACÉS...
ARRIVÉES À LEURS FINS, ELLES SONT ENCORE LOIN D'ÊTRE SAUVÉES... BARRACUDAS ET REQUINS LES ATTAQUENT POUR S'EN NOURRIR.
C'EST ALORS QUE...
CUPIDON...
OUI, St PIERRE ?
TU VOIS CETTE PETITE TORTUE ?
OÙ ÇA? IL Y EN A DES CENTAINES !
CELLE-LÀ, LÀ !
AH OUI !
DÉBROUILLE-TOI COMME TU VEUX, MAIS JE VEUX QU'ELLE EN RÉCHAPPE...
ET POURQUOI JUSTEMENT CELLE-LÀ ?
C'EST LA SEULE SURVIVANTE DE TOUTE UNE PONTE, ET PUIS ELLE A UN PETIT JE-NE-SAIS-QUOI QUI... ENFIN QUE...
?
CAUVIN 138/B MALIK

...ET CESSE DE ME REGARDER AVEC TES PETITS YEUX DE CABILLAUD! DÉPÊCHE-TOI DE LUI PORTER SECOURS AVANT QU'IL NE LUI ARRIVE MALHEUR!
DES PETITS YEUX DE CABILLAUD! EH BEN, MERCI!
VOTRE PROTÉGÉE, VOUS VOULEZ QU'ON L'APPELLE COMMENT ?
EUH... MATHILDA! C'EST ÇA! MATHILDA!
BIEN! ALLEZ, EN ROUTE VERS LA MER, MATHILDA...
?
DÉSOLÉ, MAIS CELLE-LÀ, ON N'Y TOUCHE PAS. J'AI REÇU DES ORDRES!
OUAAAH!
CUPIDON, ATTENTION!
AAAH!
ÇA VA PAS, LA TÊTE ?
CLAP!
?
MATHILDA, FAITES ATTENTION! JE NE PEUX ÊTRE PARTOUT À LA FOIS, TOUT DE MÊME...
MAIS ENFIN, CUPIDON, POURQUOI NE PAS L'AVOIR PORTÉE JUSQU'À LA MER? C'EÛT ÉTÉ PLUS FACILE...
SURTOUT PAS! COMME TOUTES LES AUTRES, ELLE DEVAIT FAIRE LE TRAJET ELLE-MÊME, SINON JAMAIS ELLE NE SERAIT REVENUE PONDRE SUR CETTE PLAGE.
CAUVIN 138. MALIK

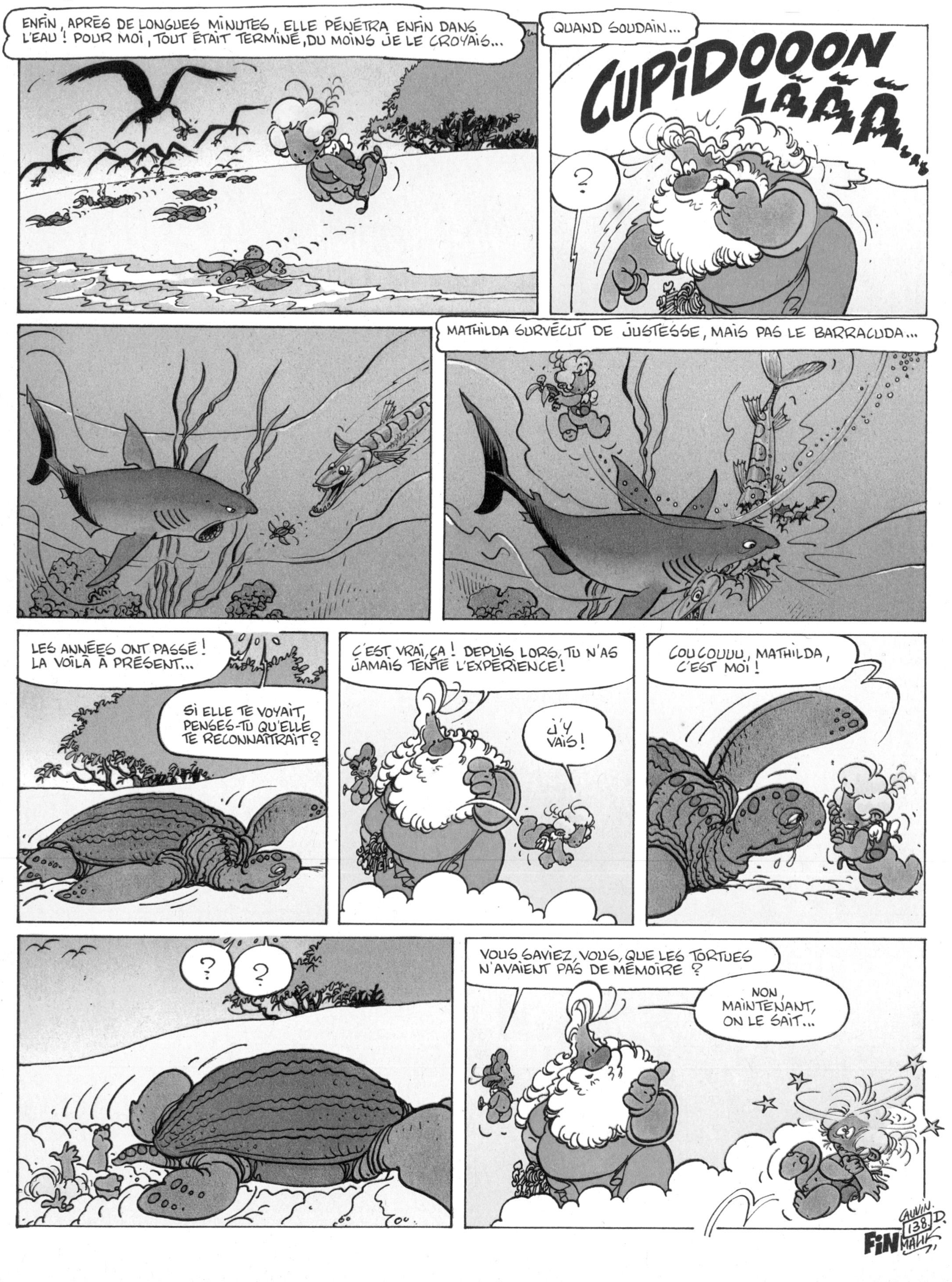

ENFIN, APRÈS DE LONGUES MINUTES, ELLE PÉNÉTRA ENFIN DANS L'EAU ! POUR MOI, TOUT ÉTAIT TERMINÉ, DU MOINS JE LE CROYAIS...
QUAND SOUDAIN...
CUPIDOOON LÀÀÀÀ...
?
MATHILDA SURVÉCUT DE JUSTESSE, MAIS PAS LE BARRACUDA...
LES ANNÉES ONT PASSÉ ! LA VOILÀ À PRÉSENT...
SI ELLE TE VOYAIT, PENSES-TU QU'ELLE TE RECONNAÎTRAIT ?
C'EST VRAI, ÇA ! DEPUIS LORS, TU N'AS JAMAIS TENTÉ L'EXPÉRIENCE !
J'Y VAIS !
COUCOUUU, MATHILDA, C'EST MOI !
? ?
VOUS SAVIEZ, VOUS, QUE LES TORTUES N'AVAIENT PAS DE MÉMOIRE ?
NON, MAINTENANT, ON LE SAIT...
FIN
CAUVIN 138 D. MALIK

Cupidon

Malik & Cauvin

DING DONG
BONJOUR, MELLE VÉRONIQUE, J'AI DU COURRIER POUR VOUS...
VOILÀ !
QUI EST-CE ?
C'EST LE FACTEUR, MAMAN !
MOPS
HI HI
HI HI
MOPS !
?
?
COMMENT ÇA, TA MÈRE EST PARTIE AVEC LE FACTEUR ?
CAUVIN
136
MALIK

Cupidon

Malik & Cauvin

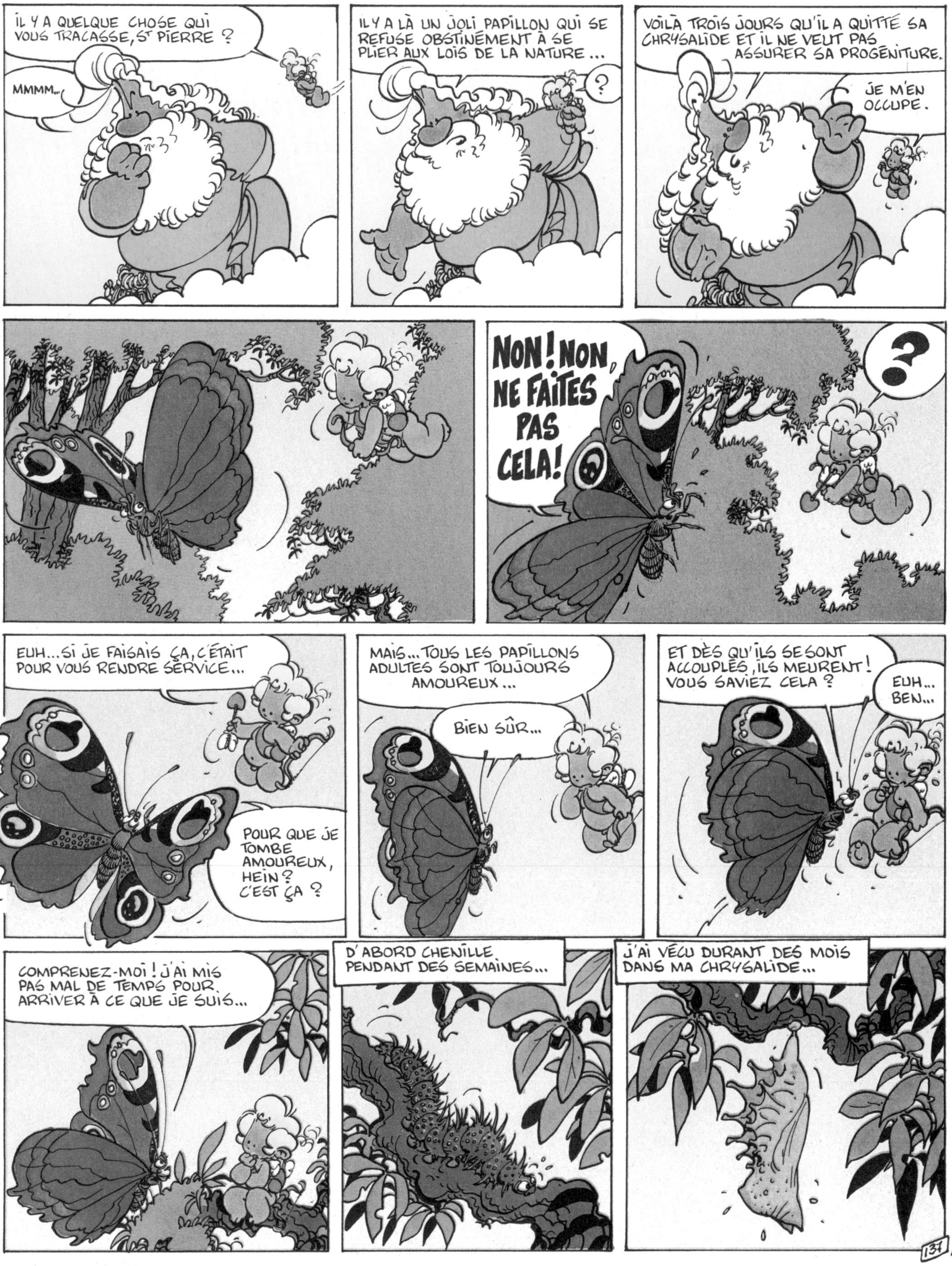

IL Y A QUELQUE CHOSE QUI VOUS TRACASSE, St PIERRE ?
MMMM...
IL Y A LÀ UN JOLI PAPILLON QUI SE REFUSE OBSTINÉMENT À SE PLIER AUX LOIS DE LA NATURE...
?
VOILÀ TROIS JOURS QU'IL A QUITTÉ SA CHRYSALIDE ET IL NE VEUT PAS ASSURER SA PROGÉNITURE.
JE M'EN OCCUPE.
NON! NON, NE FAITES PAS CELA!
?
EUH... SI JE FAISAIS ÇA, C'ÉTAIT POUR VOUS RENDRE SERVICE...
POUR QUE JE TOMBE AMOUREUX, HEIN? C'EST ÇA ?
MAIS... TOUS LES PAPILLONS ADULTES SONT TOUJOURS AMOUREUX...
BIEN SÛR...
ET DÈS QU'ILS SE SONT ACCOUPLÉS, ILS MEURENT! VOUS SAVIEZ CELA ?
EUH... BEN...
COMPRENEZ-MOI! J'AI MIS PAS MAL DE TEMPS POUR ARRIVER À CE QUE JE SUIS...
D'ABORD CHENILLE PENDANT DES SEMAINES...
J'AI VÉCU DURANT DES MOIS DANS MA CHRYSALIDE...

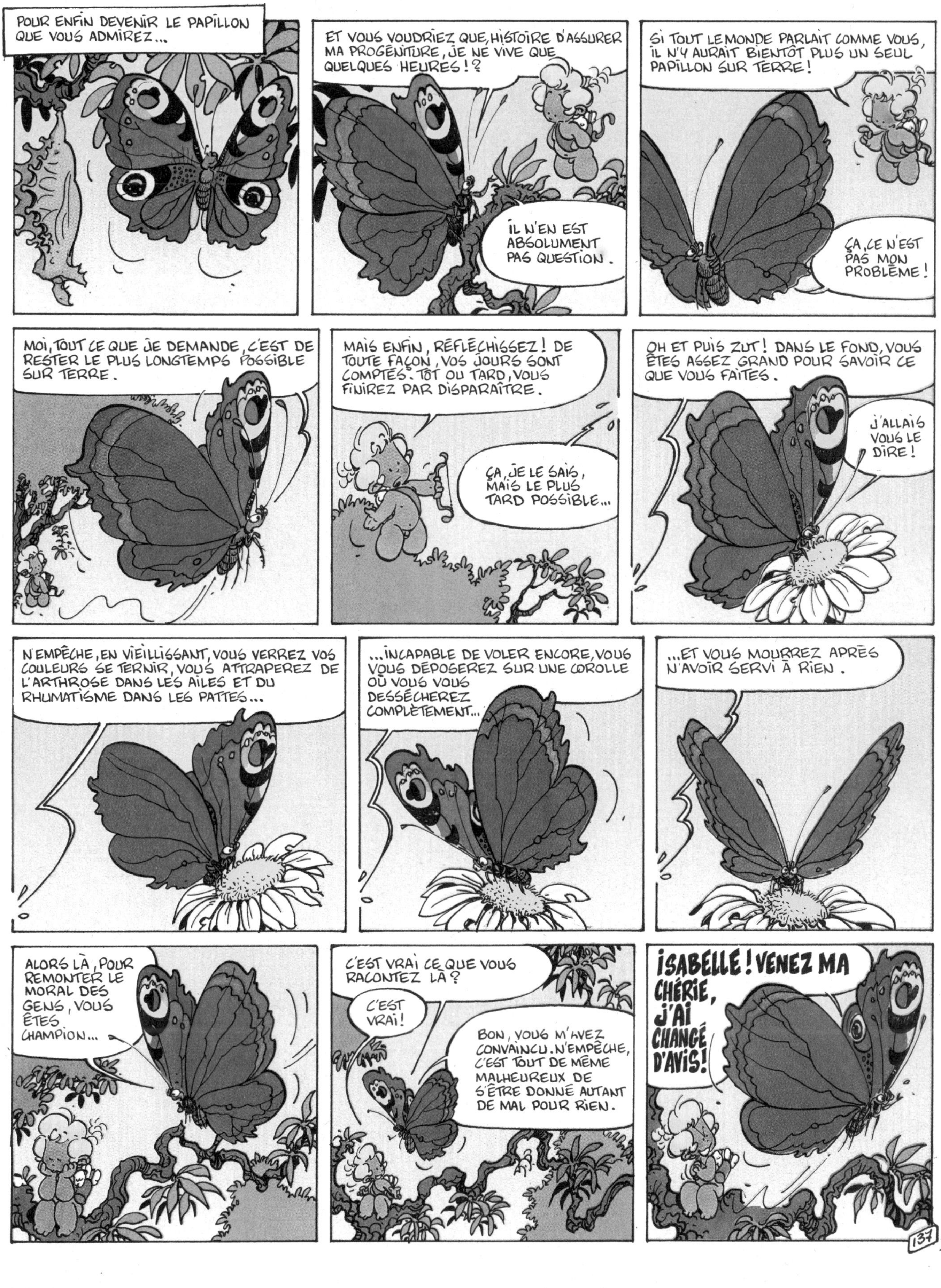
POUR ENFIN DEVENIR LE PAPILLON QUE VOUS ADMIREZ...
ET VOUS VOUDRIEZ QUE, HISTOIRE D'ASSURER MA PROGÉNITURE, JE NE VIVE QUE QUELQUES HEURES ! ?
IL N'EN EST ABSOLUMENT PAS QUESTION.
SI TOUT LE MONDE PARLAIT COMME VOUS, IL N'Y AURAIT BIENTÔT PLUS UN SEUL PAPILLON SUR TERRE !
ÇA, CE N'EST PAS MON PROBLÈME !
MOI, TOUT CE QUE JE DEMANDE, C'EST DE RESTER LE PLUS LONGTEMPS POSSIBLE SUR TERRE.
MAIS ENFIN, RÉFLÉCHISSEZ ! DE TOUTE FAÇON, VOS JOURS SONT COMPTÉS. TÔT OU TARD, VOUS FINIREZ PAR DISPARAÎTRE.
ÇA, JE LE SAIS, MAIS LE PLUS TARD POSSIBLE...
OH ET PUIS ZUT ! DANS LE FOND, VOUS ÊTES ASSEZ GRAND POUR SAVOIR CE QUE VOUS FAITES.
J'ALLAIS VOUS LE DIRE !
N'EMPÊCHE, EN VIEILLISSANT, VOUS VERREZ VOS COULEURS SE TERNIR, VOUS ATTRAPEREZ DE L'ARTHROSE DANS LES AILES ET DU RHUMATISME DANS LES PATTES...
...INCAPABLE DE VOLER ENCORE, VOUS VOUS DÉPOSEREZ SUR UNE COROLLE OÙ VOUS VOUS DESSÉCHEREZ COMPLÈTEMENT...
...ET VOUS MOURREZ APRÈS N'AVOIR SERVI À RIEN.
ALORS LÀ, POUR REMONTER LE MORAL DES GENS, VOUS ÊTES CHAMPION...
C'EST VRAI CE QUE VOUS RACONTEZ LÀ ?
C'EST VRAI !
BON, VOUS M'AVEZ CONVAINCU. N'EMPÊCHE, C'EST TOUT DE MÊME MALHEUREUX DE S'ÊTRE DONNÉ AUTANT DE MAL POUR RIEN.
¡SABELLE ! VENEZ MA CHÉRIE, J'AI CHANGÉ D'AVIS !

SOYEZ HEUREUX ET FAITES-NOUS BEAUCOUP DE CHENILLES...
PLUS TARD...
ET VOILÀ, C'EST FAIT!
JE SAIS...
IL A...
OUI, ET À PRÉSENT, IL A FINI SON TEMPS. TEL EST LE DESTIN DE TOUS LES PAPILLONS.
PERSONNE N'ADMIRERA PLUS JAMAIS SES BELLES COULEURS...
ALORS LÀ, TU TE TROMPES...
IL VOULAIT RESTER ENCORE UN BON BOUT DE TEMPS SUR TERRE?
BEN OUI, MAIS...
ARGEL...
?
À ÇA, JE N'AURAIS JAMAIS PENSÉ!
BIEN SÛR, ICI, C'EST MOI QUI PENSE À TOUT! HA! HA! HA!

Joan

Le Choc des Titans
JOAN
Aide les Petite Lucie à combattre ces 9 monstres ou colosses... Pour cela, rends à chacune d'entre elles l'outil ou l'arme idéale pour les terrasser net !!
GOLIATH
SOLUTIONS : Baleine Ⓐ Lucie harpon ⑨ – Pieuvre Ⓑ Lucie hache ⑧ – Fantôme Ⓒ Lucie ciseaux ⑥ – Dragon Ⓓ Lucie chevalier ① – Goliath Ⓔ Lucie lancepierre ⑦
Cyclope Ⓕ Lucie pieu ④ – Mars Attacks Ⓖ Lucie musique ③ – Vampire Ⓗ Lucie marteau & pic ⑤ – Monstre des neiges Ⓘ Lucie flambeau ②

Des Jeux pour jouer avec Pic & Zou

Pic

LES ALLUMETTES FANTÔMES
TCHIC! TCHIKITCHIK TCHAK
UNE BOÎTE PLEINE...
UNE BOÎTE VIDE.
DEUX BOÎTES VIDES.
JE MÉLANGE
28-
OÙ EST LA PLEINE?
LÀ!
NON! VIDE
LA PLEINE EST LÀ!
TCHAK TCHAKA TCHAK TCHAK TCHIC
REFAITES LE MÊME MÉLANGE HYPER SIMPLE GENRE :
REGARDEZ BIEN... HOP HOP HOP, OÙ EST LA PLEINE?
LÀ!
AHA.
TCHIC TCHIC
TCHIK
BON. POUR NE PAS QUE TU GAGNES, JE VAIS DEMANDER AUX ALLUMETTES FANTÔMES DE SE TRANSPORTER DANS L'AUTRE BOITE... SHAZAAAAM!
DU COUP... HOP! VIDE! HÉHÉ, TU AS PERDU!
TCHAK TCHAK TCHIKITCHAK
ET LES VOILÀ!
ALLEZ! LES FANTÔMES TRAVERSENT TOUTES LES BOÎTES...
VIDE.
SAMBA!
TCHIKITCHIK TCHAK TCHAK
BIEN! ÇA SUFFIT, LES FANTÔMES! PARTEZ!
FLAP
FUYEZ! RETOURNEZ DANS LES LIMBES... OUUUH!
OUUUH
OUUH!
PLUS RIEN.
POUR CE TOUR, PRENEZ QUATRE PETITES BOÎTES D'ALLUMETTES. UNE SEULE SERA PLEINE. VOUS LA FIXEREZ SOUS LE POIGNET CACHÉE SOUS VOTRE MANCHE. RÉPÉTEZ SEUL AVANT DE FAIRE UN TOUR EN PUBLIC
FIXÉE AVEC DEUX ÉLASTIQUES

HORIZONTALEMENT :

1. C'est un prince, en Inde.
2. Le contraire d'un dépensier / Bien ventilé.
3. Qui ont de la souplesse, de l'agilité / Abréviation pour la matinée.
4. Recueil d'histoires drôles / On les tricote avec des aiguilles.
5. Un cor au pied, par exemple.
6. De torts, c'est un justicier.
7. Audacieux / A moi / Trois initiales pour un vieux poste de radio.
8. Première page d'un journal / Unité de mesure calorifique anglo-saxonne.
9. Barres de fer pour activer un feu.
10. Tranche d'histoire / Comprimée, serrée.

VERTICALEMENT :

1. Elle manque d'habileté.
2. Larges voies urbaines / Symbole chimique de l'iridium.
3. Problématique, risquée.
4. Le neuvième est la bande dessinée / Finale d'infinitif / Drame lyrique japonais.
5. Pas fictivement.
6. Musique de danse des Caraïbes / Exclamation d'enfant capricieux.
7. Mot pour insister sur un oui / Dans le bon sens, c'est une île grecque ; dans l'autre sens, c'est un pronom réfléchi / On le réclame au chanteur que l'on aime.
8. Planchettes à repasser.
9. Moyen d'attaque ou de défense / Détérioration par frottement.
10. Interjection pour appeler / Esclave au moyen âge / Personnel.

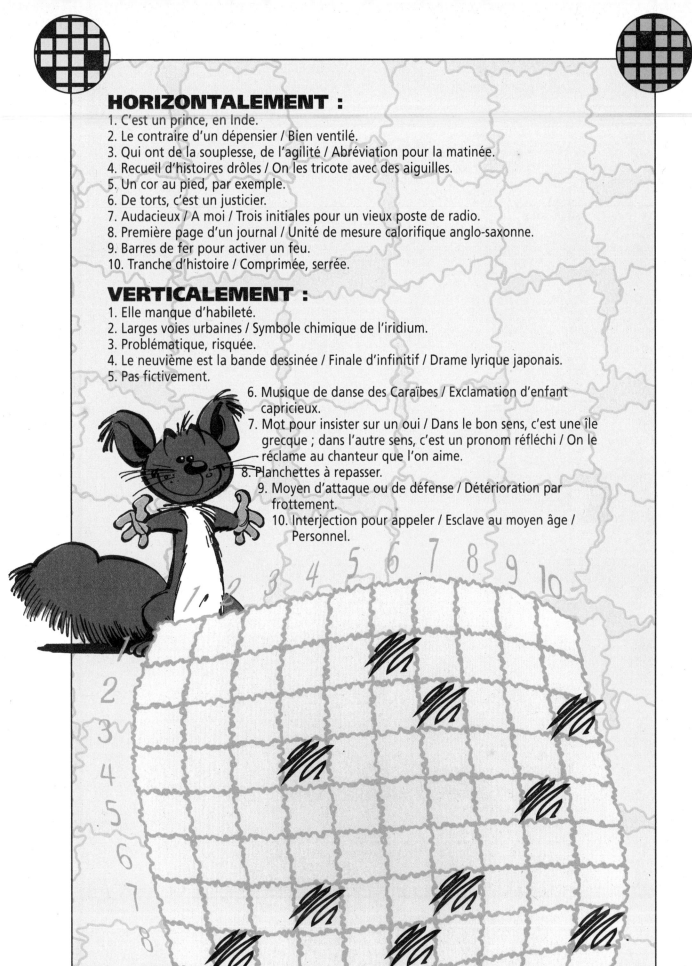

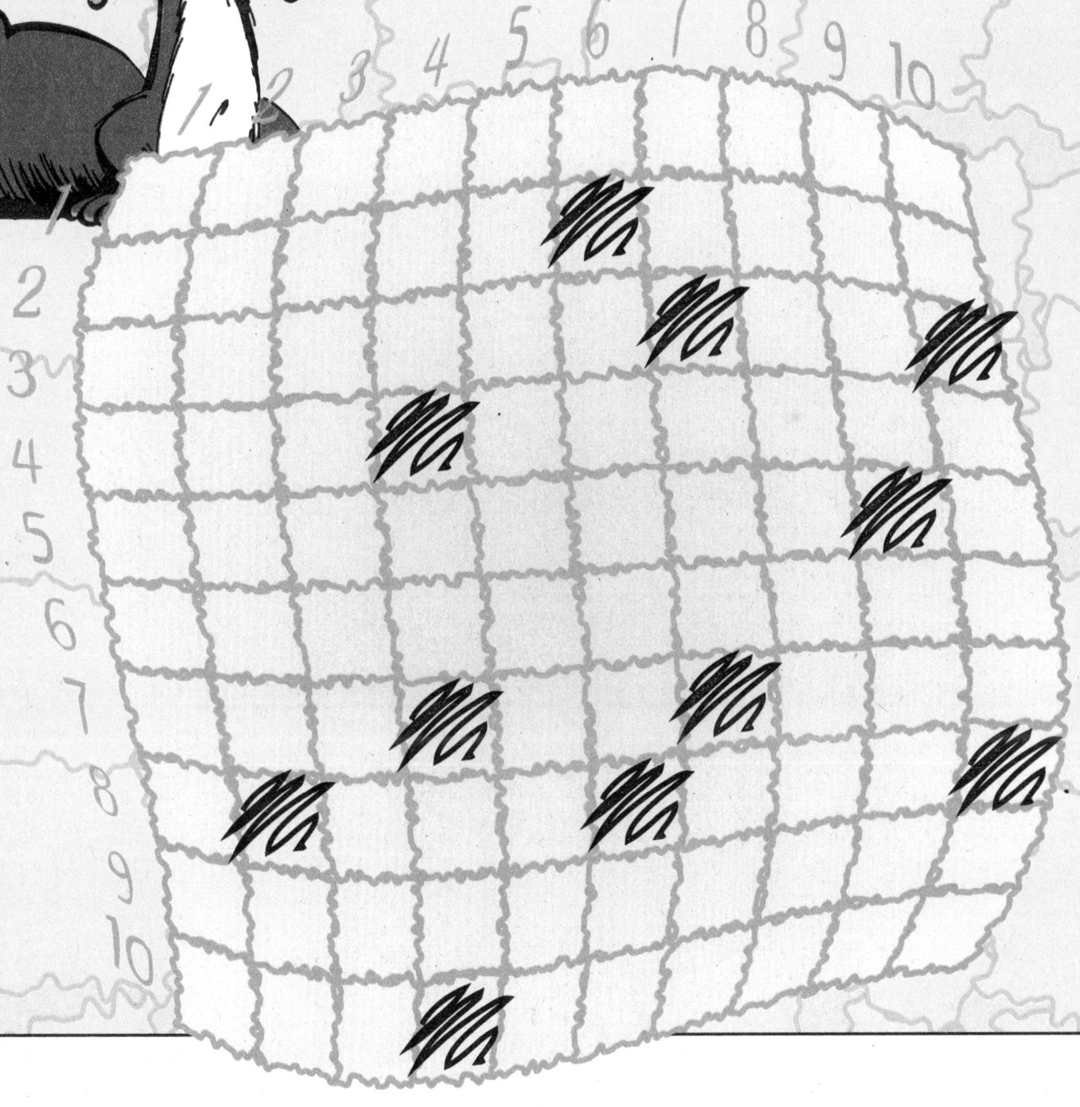
1 2 3 4 5 6 7 8 9 10
1 2 3 4 5 6 7 8 9 10

SALUT, SAINT PIERRE, T'AS DU FEU ?
TIENS! QUI VOILÀ...?
PARADIS
QU'EST-CE QUE TU FABRIQUES !? JE N'AI PAS REÇU UN SEUL DÉFUNT DEPUIS DEUX JOURS !?
HÉ! HO! ON N'EST PAS DES BÊTES! J'AI DROIT À DES VACANCES COMME TOUT LE MONDE!
EN ATTENDANT, J'AI PRÉPARÉ DES TAS DE QUESTIONS POUR EUX! QU'EST-CE QUE JE VAIS EN FAIRE, HEIN?
BEN... T'AS QU'À... J'SAIS PAS, MOI... LES PUBLIER DANS UN JOURNAL POUR JEUNES PAR EXEMPLE.
BON! LÀ-DESSUS, JE RENTRE, C'EST L'HEURE DE "DALLAS". PASSE-MOI LA CLEF!
NON!
PAS AVANT D'AVOIR RÉPONDU À TROIS QUESTIONS...
CELLE-CI PAR EXEMPLE:
1 Un seul crâne correspond au négatif ci-dessous, lequel?
OU ENCORE...
2 Deux os sont de taille identique, trouvez-les.
À MOINS QUE TU NE PRÉFÈRES CELLE-CI...
3 La vie de ces trois individus ne tient qu'à un fil. En coupant celui-ci par exemple, lequel sera le prochain client pour le paradis ?

SOLUTIONS : JEU 1: 4. JEU 2: 3 ET 6. JEU 3: LE PREMIER.

Inspecteur ZBU

Borrini & Omond

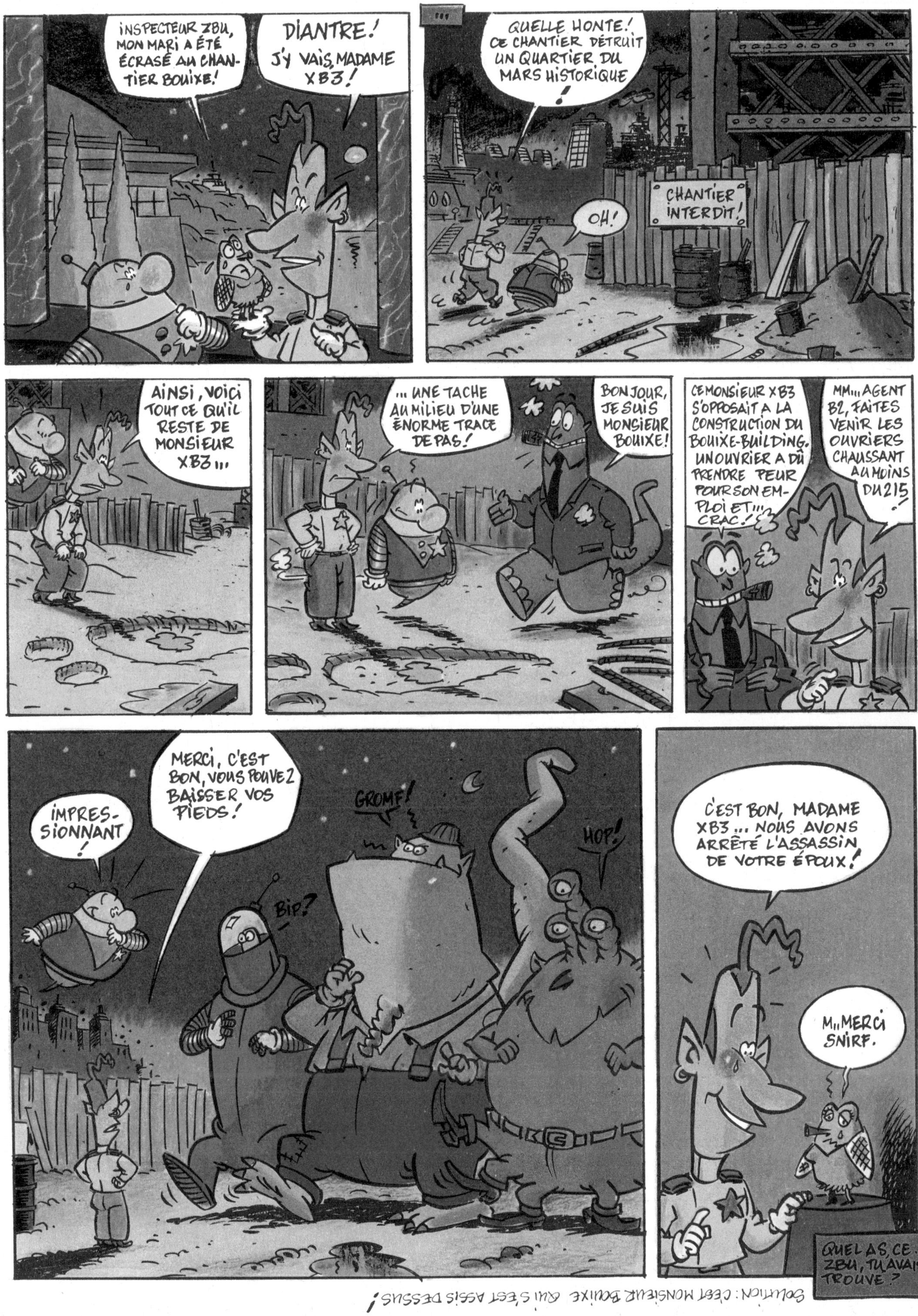
INSPECTEUR ZBU, MON MARI A ÉTÉ ÉCRASÉ AU CHANTIER BOUIXE!
DIANTRE! J'Y VAIS, MADAME XB3!
QUELLE HONTE! CE CHANTIER DÉTRUIT UN QUARTIER DU MARS HISTORIQUE!
CHANTIER INTERDIT!
OH!
AINSI, VOICI TOUT CE QU'IL RESTE DE MONSIEUR XB3...
... UNE TACHE AU MILIEU D'UNE ÉNORME TRACE DE PAS!
BONJOUR, JE SUIS MONSIEUR BOUIXE!
CE MONSIEUR XB3 S'OPPOSAIT À LA CONSTRUCTION DU BOUIXE-BUILDING. UN OUVRIER A DÛ PRENDRE PEUR POUR SON EMPLOI ET... CRAC!
MM... AGENT B2, FAITES VENIR LES OUVRIERS CHAUSSANT AU MOINS DU 215!
IMPRESSIONNANT!
MERCI, C'EST BON, VOUS POUVEZ BAISSER VOS PIEDS!
GROMF!
BIP?
HOP!
C'EST BON, MADAME XB3... NOUS AVONS ARRÊTÉ L'ASSASSIN DE VOTRE ÉPOUX!
M... MERCI SNIRF.
QUEL AS, CE ZBU, TU AVAIS TROUVÉ?

SOLUTION : C'EST MONSIEUR BOUIXE QUI S'EST ASSIS DESSUS!

HORIZONTALEMENT :

1. Elle écrit des livres.
2. Acclamation par un public / Préposition de lieu.
3. Tresse de cheveux / Fleur odorante ou membrane de l'oeil.
4. Elle habite une ville italienne célèbre pour ses riches musées.
5. Abréviation pour un revêtement de sol / Cri de douleur.
6. Forme d'être / Avec "pin" pour une jolie fille / Greffe.
7. Ville de l'ancienne Egypte ou ville américaine sur le Mississippi / Pronom masculin.
8. On l'ouvre quand on est attentif / Mois de l'année.
9. Fausse si le musicien est mauvais / Soigné par un chirurgien.
10. Ensembles des sons que des voix peuvent produire sans difficulté.

VERTICALEMENT :

1. Bruit de respiration d'un profond dormeur.
2. Donne la forme d'un oeuf / Demi-oeuf.
3. Gardien de prison / Sont croisés pour ce jeu.
4. Rassemblées.
5. Démentie / Entre l'upsilon et le khi.
6. Symbole chimique du cobalt / Mot d'enfant / Il est perdu au milieu de l'océan.
7. A qui on a appris des choses ignorées / Participe de pouvoir.
8. Pas grand chose / Des plages peuvent la border.
9. Il filtre le sang / Triple couronne pour le pape.
10. Recouvertes de terre.

1 2 3 4 5 6 7 8 9 10
1 2 3 4 5 6 7 8 9 10

Des Jeux pour jouer avec Pic & Zou

Pic

LE PROFESSEUR ALAIN LABARBE A INVENTÉ UN ROBOT-PALPEUR PROGRAMMABLE !
IL LUI DONNE UNE CARTE SUR LAQUELLE FIGURE UNE LISTE DE "0" ET DE "1".

QUAND ON LANCE LE PETIT ROBOT DANS LE LABYRINTHE, POUR CHAQUE OBSTACLE QUI SE PRÉSENTE DEVANT LUI, IL LIT LE CHIFFRE QUI ARRIVE EN TÊTE DE LISTE, ET IL AGIT COMME CECI :

- QUAND C'EST UN 1, IL TOURNE À GAUCHE ET IL CONTINUE TOUT DROIT.
- QUAND C'EST UN 0, IL TOURNE À DROITE ET IL CONTINUE TOUT DROIT.
- QUAND ARRIVE UN X, IL BALANCE UN MÉCHANT COUP DE MARTEAU, PUIS IL CONTINUE SON CHEMIN JUSQU'AU PROCHAIN OBSTACLE...

EXEMPLE : POUR ENVOYER SON ROBOT PLANTER LE CLOU Ⓒ EN PARTANT DE A, ON LE PROGRAMME AVEC LA CARTE 10X011X. ALORS, REGARDE ET SUIS BIEN LE TRAJET DU PETIT ROBOT :

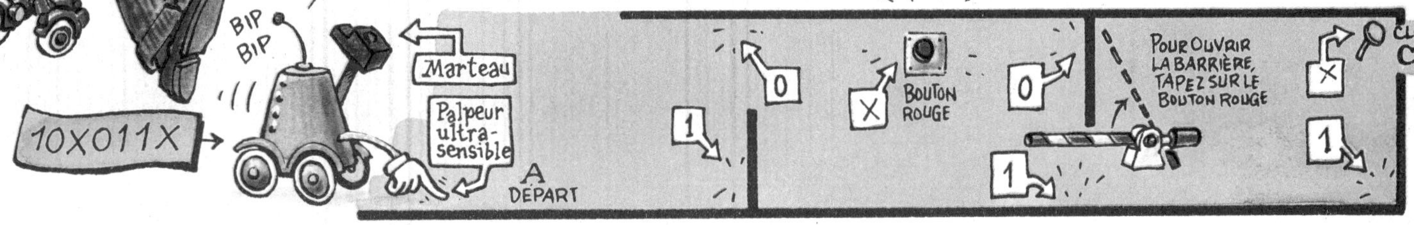
BIP
BIP
10X011X
Marteau
Palpeur ultra-sensible
A
DÉPART
1
0
X
BOUTON ROUGE
0
1
POUR OUVRIR LA BARRIÈRE, TAPEZ SUR LE BOUTON ROUGE
X
CLOU
C
1

PARMI CES TROIS CARTES, UNE SEULE PROGRAMME LE ROBOT POUR ALLER FAIRE LE TEST DE L'HOMME FORT. MAIS VOILÀ : PIC ET ZOU ONT TOUT MÉLANGÉ "SANS L'FAIRE EXPRÈS"... ALORS, ESSAIE DE TROUVER LE BON PROGRAMME...

BI-BIP

QUAND LE ROBOT FRAPPE SUR UN BOUTON ROUGE, TOUTES LES PORTES ROUGES S'OUVRENT PENDANT 3 MINUTES.

010110000110010 0X00010X

01100001011X111001X

0110000110111000000 1X

DÉPART
NITRO
CHAMPION
TAPEZ FORT !

AVEC LA CARTE VERTE, LE ROBOT VA FAIRE EXPLOSER LA NITROGLYCÉRINE ! AÏE AÏE ! LA BONNE CARTE C'EST LA ROUGE. AVEC LA BLEUE, LE ROBOT ÉCRABOUILLE LE NEZ DE PIC...

Joue avec La Petite Lucie

Joan

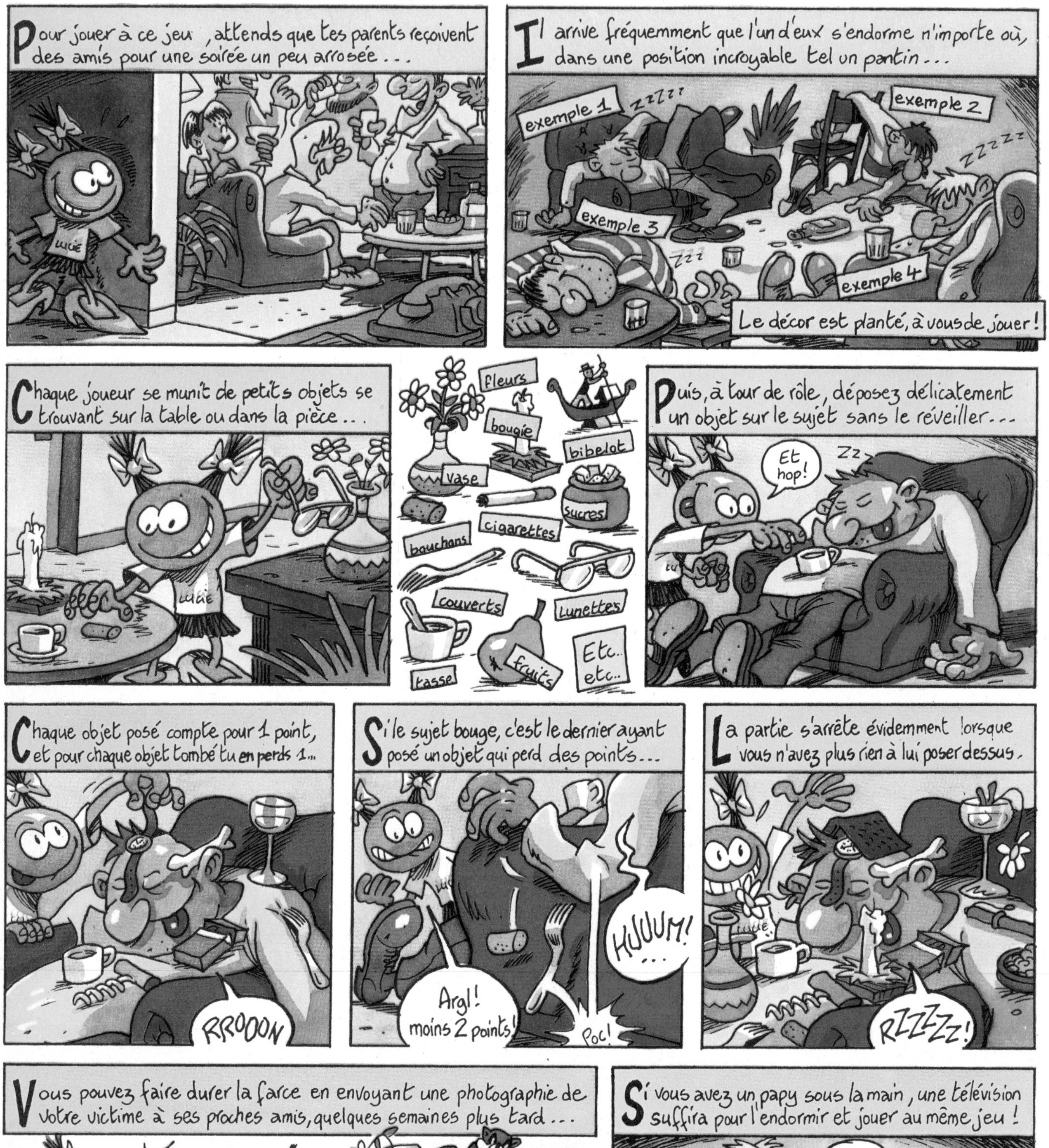

Pour jouer à ce jeu , attends que tes parents reçoivent des amis pour une soirée un peu arrosée . . .
Lucie
Il arrive fréquemment que l'un d'eux s'endorme n'importe où, dans une position incroyable tel un pantin . . .
exemple 1
zzzzz
exemple 2
zzzzz
exemple 3
zzz
exemple 4
Le décor est planté, à vous de jouer !
Chaque joueur se munit de petits objets se trouvant sur la table ou dans la pièce . . .
Lucie
fleurs
bougie
bibelot
vase
Sucres
cigarettes
bouchons
couverts
Lunettes
tasse
fruits
Etc.. etc..
Puis, à tour de rôle, déposez délicatement un objet sur le sujet sans le réveiller . . .
Et hop!
Zz
Chaque objet posé compte pour 1 point, et pour chaque objet tombé tu en perds 1...
RROOON
Si le sujet bouge, c'est le dernier ayant posé un objet qui perd des points . . .
Argl! moins 2 points!
HUUUM! ...
Poc!
La partie s'arrête évidemment lorsque vous n'avez plus rien à lui poser dessus .
RZZZZZ!
Vous pouvez faire durer la farce en envoyant une photographie de votre victime à ses proches amis, quelques semaines plus tard . . .
FLASH!
RROOON PFFSSOUUU ...
Si vous avez un papy sous la main , une télévision suffira pour l'endormir et jouer au même jeu !
ZZZ!
JOAN

Jeux d'enfer

Stuf & Janry

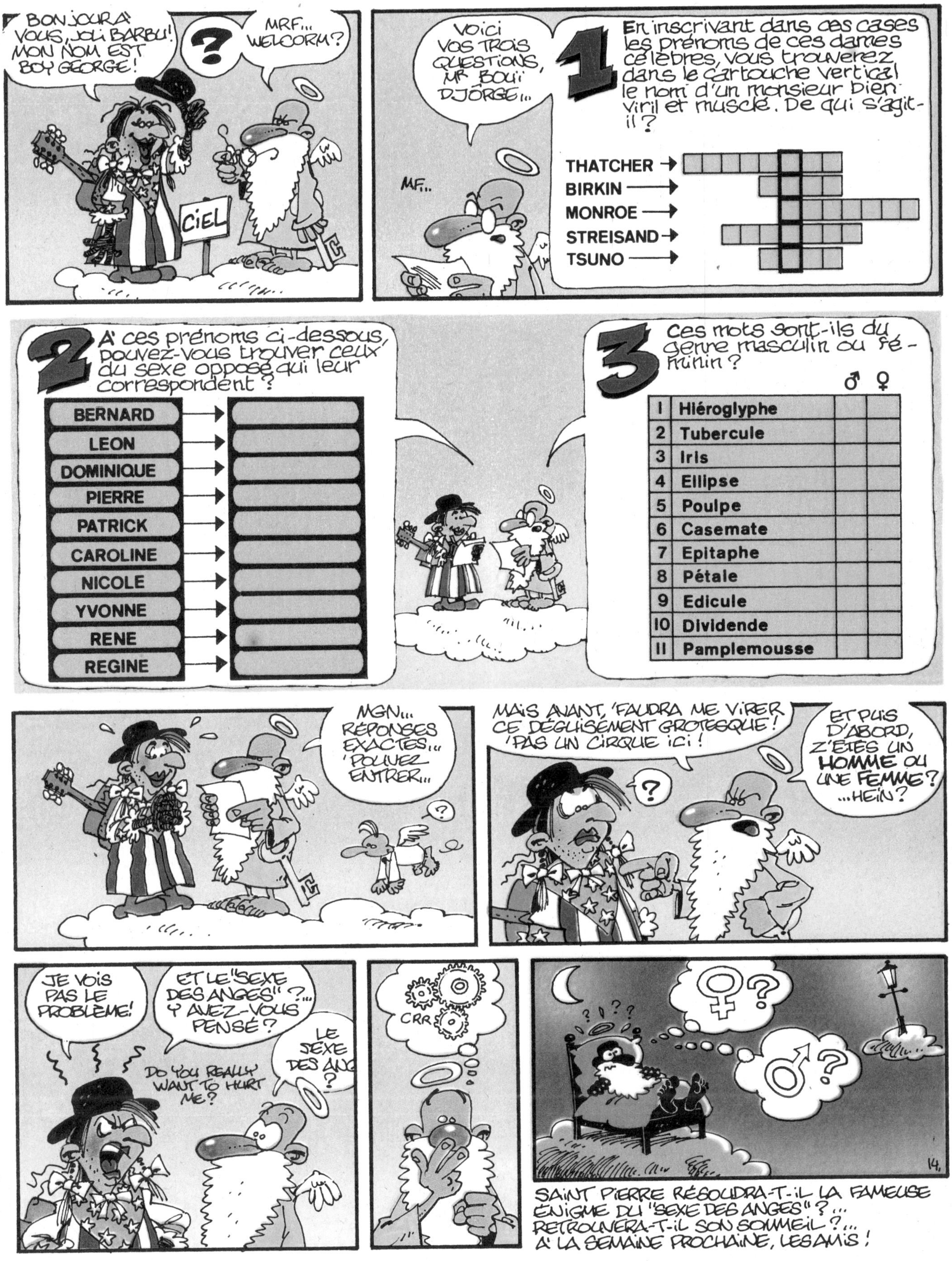

BONJOUR À VOUS, JOLI BARBU ! MON NOM EST BOY GEORGE !
?
MRF... WELCORM ?
CIEL
VOICI VOS TROIS QUESTIONS, MR BOUI DJÖRGE...
MF...
1
En inscrivant dans ces cases les prénoms de ces dames célèbres, vous trouverez dans le cartouche vertical le nom d'un monsieur bien viril et musclé. De qui s'agit-il ?
THATCHER
BIRKIN
MONROE
STREISAND
TSUNO
2
À ces prénoms ci-dessous, pouvez-vous trouver ceux du sexe opposé qui leur correspondent ?
BERNARD
LEON
DOMINIQUE
PIERRE
PATRICK
CAROLINE
NICOLE
YVONNE
RENE
REGINE
3
Ces mots sont-ils du genre masculin ou féminin ?
♂ ♀
1 Hiéroglyphe
2 Tubercule
3 Iris
4 Ellipse
5 Poulpe
6 Casemate
7 Epitaphe
8 Pétale
9 Edicule
10 Dividende
11 Pamplemousse
MGN... RÉPONSES EXACTES... 'POUVEZ ENTRER...
?
MAIS AVANT, 'FAUDRA ME VIRER CE DÉGUISEMENT GROTESQUE ! 'PAS UN CIRQUE ICI !
?
ET PUIS D'ABORD, Z'ÊTES UN HOMME OU UNE FEMME ? ...HEIN ?
JE VOIS PAS LE PROBLÈME !
ET LE "SEXE DES ANGES" ?... Y AVEZ-VOUS PENSÉ ?
DO YOU REALLY WANT TO HURT ME ?
LE SEXE DES AN ?
CRR
? ! ? ?
?
?
14.
SAINT PIERRE RÉSOUDRA-T-IL LA FAMEUSE ÉNIGME DU "SEXE DES ANGES" ?... RETROUVERA-T-IL SON SOMMEIL ?... À LA SEMAINE PROCHAINE, LES AMIS !

SOLUTIONS : ① MARGARET-JANE-MARILYN-BARBARA-YOKO Sol : RAMBO ② BERNADETTE-LÉONIE-DOMINIQUE (id)-PIERRETTE-PATRICIA CHARLES-YVON-RENÉE-RÉGINALD ③ MOTS MASCULINS : 1-2-3-5-8-9-10-11 MOTS FÉMININS : 4-6-7.

Joue avec La Petite Lucie

Joan

Pour jouer à ce jeu, emprunte la machine à coudre de ta maman!
Invite-la par la même occasion à tester le jeu!...
Ensuite, découpe le grand carré ci-dessous et plante l'aiguille de la machine à la case départ!
Chaque joueur fait son parcours avec un fil de couleur différente en suivant les instructions notées sur le jeu lui-même...
TCHIK TCHIK

VITE! VITE! Le chrono tourne!
C'est pas le moment de choper le tournis!
Dernière boucle...
Changement de point!
Attention à la sortie de piste!
POINT ZIG-ZAG
POINT DROIT
Dernière ligne droite!...
...Le papier pourrait se déchirer!
Doucement dans les virages...
ARRIVÉE
Changement de point à chaque croisement!...
Top chrono!
Pour bien négocier les virages, fais pivoter la feuille autour de l'aiguille!!
TIC TAC
DEPART

Inspecteur ZBU

Borrini & Omond

MON CHER B2, QU'EST-CE QUE TU DIRAIS DE VISITER LE SALON DE L'AÉROSPATIALE DE PLAISANCE ?
TIENS? POURQUOI PAS!!!! ÇA NOUS DÉTENDRAIT APRÈS 3 HOLD-UP, 5 VOLS À LA TIRE ET UN BLOZIOBULGAGE DE ZOBLON!
AU SALON!!!
SALLE 232
OH! REGARDEZ, UNE ANTIQUITÉ!
C'EST SÛR QUE CELA AVAIT DU CHARME, CES VIEILLES SOUCOUPES!
BAD
AU VOLEUR!
DÉCIDÉMENT!
POLICE! QUE SE PASSE-T-IL?
ON A VOLÉ UN DES DEUX MOTEUR À GICLAGE PHOSPHATIQUE!!! UNE PIÈCE DE COLLECTION!
BEUARK! LE GARDIEN N'A RIEN VU?
J'AI VU LE MOTEUR QUI S'ENVOLAIT!!! JE CROYAIS QU'ÇA F'SAIT PARTIE DE L'EXHIBITION!
PEUT-ÊTRE QU'UN HOMME INVISIBLE?
LES 3 FRÈRES ZO?!!! LES MÉCANOS CHARGÉS DE LA MAINTENANCE DU SALON SONT INVISIBLES!
HUM, NOUS SOMMES SUR LA BONNE PISTE, VOICI UNE TRACE DE PHOSPHORE GICLEUR!
CE SONT DES FRÈRES!!! LA RESSEMBLANCE SAUTE AUX YEUX!
BONJOUR JE SUIS H120
MOI, C'EST H220
H320, CE, SERA QUOI POUR LE MONSIEUR?
PAS LA PEINE DE FAIRE LA GRIMACE, J'Y VOIS PLUS CLAIR!
M. BORRINI - OMOND 98
ET TOI, TU AS PERCÉ LE MYSTÈRE?
ZBU 11
SOLUTION: POURQUOI H220 AURAIT-IL LES MAINS PROPRES DANS UN ATELIER DE MÉCANIQUE SINON PARCE QU'IL A FAIT DISPARAÎTRE LES TRACES DE PHOSPHORE ?!

Des Jeux pour jouer avec Pic & Zou

Pic

GRR
AH OUI ! JE CONNAIS TRÈS BIEN ! C'EST PAS DUR : ALORS, À DROITE, À GAUCHE, À DROITE, 2E À GAUCHE, TOUT DROIT, ENSUITE À DROITE ET 2 FOIS À GAUCHE, ALORS TOUT DE SUITE À DROITE, PUIS À GAUCHE. ENCORE À GAUCHE, À DROITE ET À GAUCHE. PUIS À DROITE, ENSUITE 2E À GAUCHE, ET À LA FOURCHE, PRENEZ À GAUCHE - LÀ, VOUS Y ÊTES PRESQUE : PRENEZ À DIX HEURES... ALLEZ TOUT DROIT, C'EST JUSTE EN FACE.
8-
À TON AVIS, OÙ VEULENT ALLER LES PIC ET ZOU ?
CINÉMA
THÉÂTRE
CITÉ DU SAPIN
NULLE PART
LE VIEUX MOULIN
LE CENTRE COMMERCIAL
L'ÉCOLE
LE PORT
LE TERRAIN VAGUE
BAR DE L'ÉCLUSE
LA BARAQUE À HARENGS
GARAGE
CAMION-PIZZA
CAFÉ
LE BIBLIO-BUS
LA GARE
LA MAISON D'ÉDITION

PENSE BIEN À TE METTRE DANS LE SENS DE LA MARCHE POUR SAVOIR OÙ TOURNER À GAUCHE ET À DROITE, ET TU DEVRAS ARRIVER AU PORT !

HORIZONTALEMENT :

1. Planeur ultraléger utilisé pour le vol libre.
2. On le place sur une oreille pour recevoir un son.
3. Hébergées / Colère du temps passé.
4. Elle est entourée d'eau / Il occupe la première place.
5. Démonstratif féminin / Négation.
6. Fabriqua une étoffe / Petit cube marqué de points, pour certains jeux.
7. Son coup est inutile dans l'eau / Débarrassé de ses noeuds.
8. Nombre impair / Elle assure la recharge de la batterie d'une auto.
9. D'une couleur brune un peu passée / Grave maladie de notre époque.
10. Exclamation de victoire à la découverte d'une solution / Situé.

VERTICALEMENT :

1. Exquise, délectable.
2. Etablissement d'enseignement / Il est gonflé pour prendre la route.
3. Petite loggia / Symbole chimique du praséodyme.
4. Assassiné / Telle l'eau qui a cessé d'être bouillante.
5. Singes-araignées / Ruminant du Tibet, au long pelage.
6. Mis en balance / Monnaie japonaise.
7. Feuilleté / Fruit exotique, jaune à l'intérieur, brun à l'extérieur.
8. Tel un climat très sec / Oublié.
9. Avant mi / Deuxième jour de la décade dans le calendrier républicain.
10. Agacée, impatientée / Champion.

Des Jeux pour jouer avec Pic & Zou

Pic

ESSAYEZ DE TROUVER DES DÉTAILS COMMUNS AUX DEUX DESSINS, SANS VOUS SOUCIER DES COULEURS - PIC ET ZOU VOUS MONTRENT UN EXEMPLE: LE BOUTON DE CASQUETTE ET LA DÉCORATION DU GUÉRIDON - IL Y EN A SEPT AUTRES À DÉNICHER!

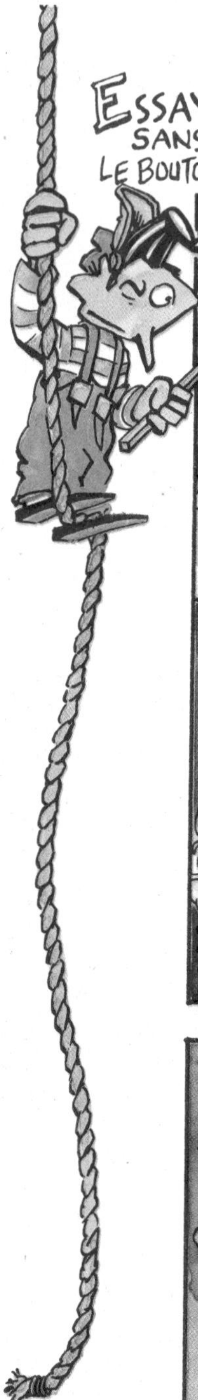

10.

UN BOUTON SUR L'APPAREIL PHOTO (et) SUR LA TÉLÉ – L'ÉCLAIR SUR LE MASQUE DU CATCHEUR (et) SUR LE KLAXON DE LA FAN DE FOOT – LE HAUT DU POTEAU DE COIN DE RING (et) LA TASSE DE THÉ – UNE FLEUR SUR LE CHAPEAU DE LA MÈRE DU CATCHEUR (et) DANS LE VASE DE LA TÉLÉ – L'OREILLE DU GARS FURIEUX AU PREMIER RANG (et) UN MOTIF DU BAS DE LA ROBE DE LA FAN DE FOOT – LA TOUFFE DE CHEVEUX DU TYPE À LUNETTES AU COIN DU RING (et) LE GANT DU GOAL À LA TÉLÉ – LE SOURCIL DU TYPE QUI DIT "OH" AU-DESSUS DU COIN DU RING (et) UNE ALGUE DU BOCAL À POISSON –

Joue avec La Petite Lucie

Joan

STOP STOP!
STOP!
Hé, Joan! Regarde ce que j'ai découvert dans ton planning de jeux...
ORIGINAUX
COPIES
RETARD
COULEURS
CONTRATS
SKRIIICH
SKRICH
Que personne ne bouge!
POF!
Grande nouvelle! C'est le 100e jeu qu'on est en train de faire. Tu te rends pas compte? Déjà cent jeux!
Faire jeu n° 100
?
LUCIE
Ça se fête, ça!... Y faut faire un truc "spécial cent"!
On pourrait par exemple faire un poster avec cent Lucie différentes qu'y faudrait relier entre elles!...
Oh làlààà! J'ai déjà assez de soucis avec une seule Lucie, alors avec cent, non merci!
Ou alors! Bricolons un immense jeu de l'Oie avec cent cases, ça s'rait vraiment géant!
Ça ira pas, y a pas assez de place pour cent cases sur une seule page...
Bin, si y a un problème de place, ya qu'à faire un jeu sur cent pages... Ça va payer, ça!
Y a pas cent pages dans SPIROU!...
Bon. Plus classique: trouvons cent jeux de mots avec le chiffre cent. Qu'en penses-tu?
LUCIE CONTRE LES CENT SOEURS
LUCIE ET LES CENT DALLES MAGIQUES
cent déconner!..
Tu vas encore m'en faire beaucoup des propositions de jeux irréalisables?
Haaaouai! Ça pourrait être cool ça...
Cent propositions de jeux qui ne seront jamais dessinés par toi!
Ça suffit maintenant! Je t'ai déjà dit cent fois de me laisser travailler tranquillement!...
ORIGINAUX
COPIES
Bon! Récapitulons! ... Faut trouver quelque-chose qu'a pas été fait cent fois!..
100% matière grise.
100
100ème
100kg
100F
NANCY 100km
100 110 120
Bouge pas, Joan. J'crois avoir trouvé la solution!
Alors, voilà!..
Les lecteurs vont devoir compter combien de fois on a écrit ou dit le chiffre cent sur cette page!..
OK! Ya plus qu'à tout relire!...
100.

IL Y A EXACTEMENT 29 FOIS LE CHIFFRE CENT DANS CETTE PAGE EN COMPTANT BIEN SÛR LE N° DU JEU DANS LE COIN AU BAS À DROITE...

M	A	H	A	R	A	D	J	A	H
A	V	A	R	E	•	A	E	R	E
L	E	S	T	E	S	•	A	M	•
A	N	A	•	L	A	I	N	E	S
D	U	R	I	L	L	O	N	•	E
R	E	D	R	E	S	S	E	U	R
O	S	E	•	M	A	•	T	S	F
I	•	U	N	E	•	B	T	U	•
T	I	S	O	N	N	I	E	R	S
E	R	E	•	T	A	S	S	E	E

R	O	M	A	N	C	I	E	R	E
O	V	A	T	I	O	N	•	E	N
N	A	T	T	E	•	I	R	I	S
F	L	O	R	E	N	T	I	N	E
L	I	N	O	•	A	I	E	•	V
E	S	•	U	P	•	E	N	T	E
M	E	M	P	H	I	S	•	I	L
E	•	O	E	I	L	•	M	A	I
N	O	T	E	•	O	P	E	R	E
T	E	S	S	I	T	U	R	E	S

D	E	L	T	A	P	L	A	N	E
E	C	O	U	T	E	U	R	•	N
L	O	G	E	E	S	•	I	R	E
I	L	E	•	L	E	A	D	E	R
C	E	T	T	E	•	N	E	•	V
I	•	T	I	S	S	A	•	D	E
E	P	E	E	•	E	N	O	U	E
U	N	•	D	Y	N	A	M	O	•
S	E	P	I	A	•	S	I	D	A
E	U	R	E	K	A	•	S	I	S

Mélusine

Clarke & Gilson

les marais sont la plaie sombre et purulente de la forêt... je te déconseille fortement d'y aller. on dit que les lieux sont maudits...
les dangers y sont innombrables... c'est un endroit à éviter à tout prix...
je te préviens qu'il y grouille une faune abominable...
...et surtout, on y croise des monstres repoussants...
?
FRCH
...qui vous glacent le sang !
TU AVAIS RAISON, MAMAN ! ELLE ÉTAIT HORRIBLE !
JE TE L'AVAIS DIT !

Mélusine

Clarke & Gilson

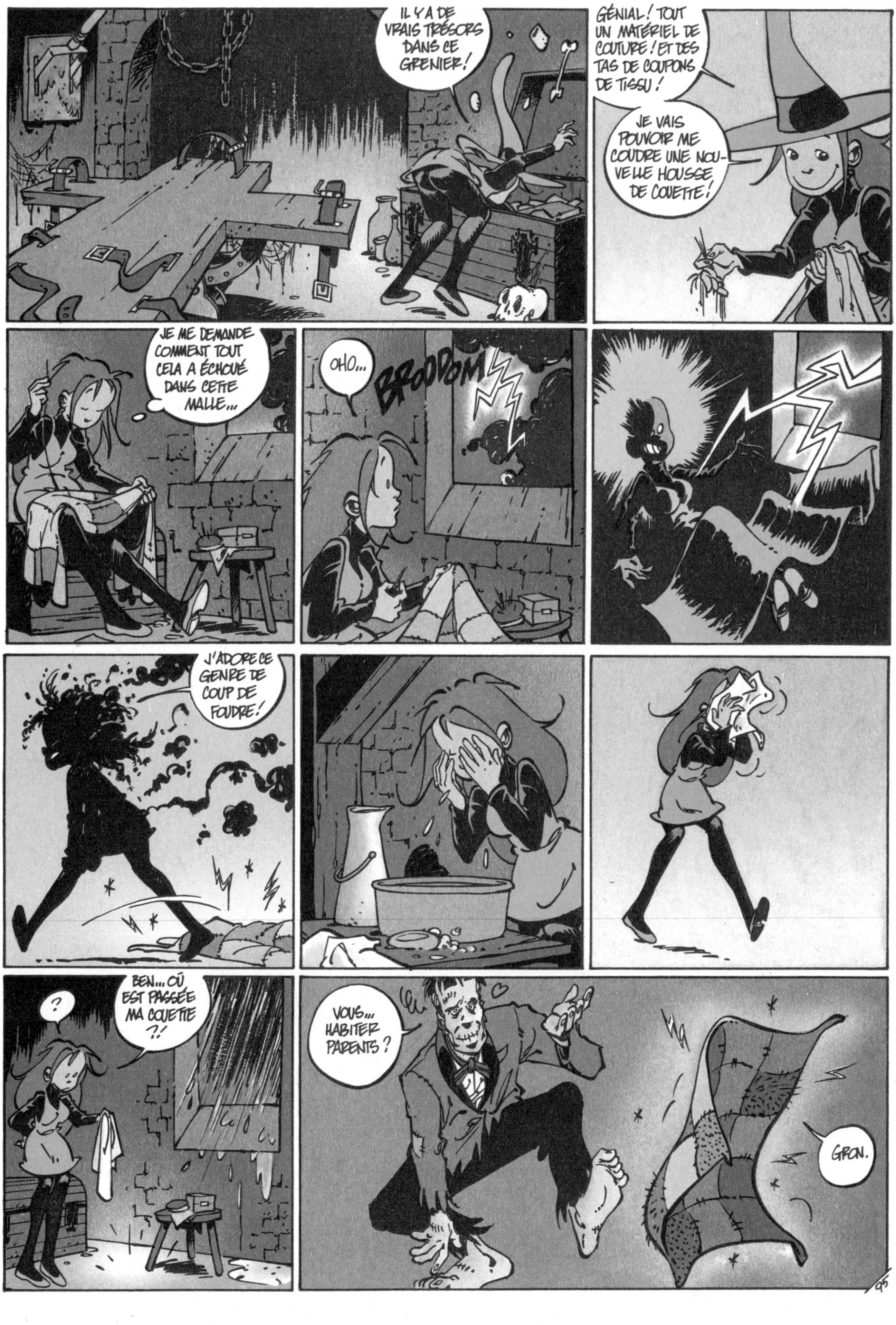
IL Y A DE VRAIS TRÉSORS DANS CE GRENIER !
GÉNIAL ! TOUT UN MATÉRIEL DE COUTURE ! ET DES TAS DE COUPONS DE TISSU !
JE VAIS POUVOIR ME COUDRE UNE NOUVELLE HOUSSE DE COUETTE !
JE ME DEMANDE COMMENT TOUT CELA A ÉCHOUÉ DANS CETTE MALLE...
OHO...
BROOOM
J'ADORE CE GENRE DE COUP DE FOUDRE !
?
BEN... OÙ EST PASSÉE MA COUETTE ?!
VOUS... HABITER PARENTS ?
GRON.

SKWIIIK
ARGN!
SKWIIIIK
EMPHYSÈME ET CORYZA !
RATÉ ! MON PHILTRE D'AMOUR EST ENCORE RATÉ !
SANS BLAGUE !
AU DIABLE LA SORCELLERIE ! J'AI BESOIN DE ME CHANGER LES IDÉES !
RIEN DE TEL QU'UN BON POTAGE INNOCENT ET INOFFENSIF !
AU SECOURS !
QUE SE PASSE-T-IL ?
LA CHOSE ! LA CHOSE EST REVENUE !
JE M'EN OCCUPE !
MIAAAW !
MAIS... CES TRACES VONT DANS MA CHAMBRE !
S... SALUT, B... BEAUTÉ !
BLOB
BLOB
BLOB
SCHLOPP

ALORS, BANDE DE LARVES ! ON A ÉTUDIÉ SA LEÇON D'APPARITION ?
OUI, M'SIEUR HAASELBLATT...
BIEN. ON VA VOIR ÇA, LES LOMBRICS ! LE DERNIER DE CLASSE MANGE DES ASTICOTS...
GN.
PAS MAL, ÉPOUVANTHRAX, MAIS CE N'EST PAS FORT VISQUEUX, TOUT ÇA.
3/10
POTCH !
ÇA FAIT JUSTE 4/10, KRAPELLA !
BOUF !
'TENDEEEZ ! JE L'SAIIIS... HEM.
EUH.
ALORS, CANCRELUNE, ON AIME LES ASTICOTS ?
AH... OUI !
OOOH, LE BEAU ZÉRO !
PUF !
MÉLUSINE ?
SNAP !
BOUF !
10/10
LES... LES COURS SONT SUSPENDUS !
?
PHAA.

Mélusine

Clarke & Gilson

VITRIOLINE DONNE UNE SOIRÉE AUJOURD'HUI À LA GROTTE AUX DÉMONS.
VITRIOLINE ?
CETTE FAUSSE BLONDE SNOB ?! CETTE CHARMEUSE DE CUL-DE-BASSE-FOSSE ? CETTE SORCIÈRE DE PACOTILLE AU GENRE DE BONNE FÉE ? CETTE MIJAURÉE QUI FAIT LES YEUX DOUX AUX PROFS ?
OUI.
EUH... TU NE VIENS PAS, ALORS ?
BIEN SÛR QUE SI, SANS BLAGUE ! JE M'EN VAIS LA FAIRE VERDIR DE JALOUSIE !
SOIS CHEZ MOI DANS UNE HEURE !... ON PARTIRA ENSEMBLE !
D'AC !
ELLE VA VOIR, CETTE DRAGUEUSE !
LÀ, MON ARME SECRÈTE !
PLOPS !
PUFF !
PFOUooouu..
BEN ALORS ?! TU NE VIENS PAS ?
NON !
?
MON MEILLEUR PARFUM EST PÉRIMÉ !

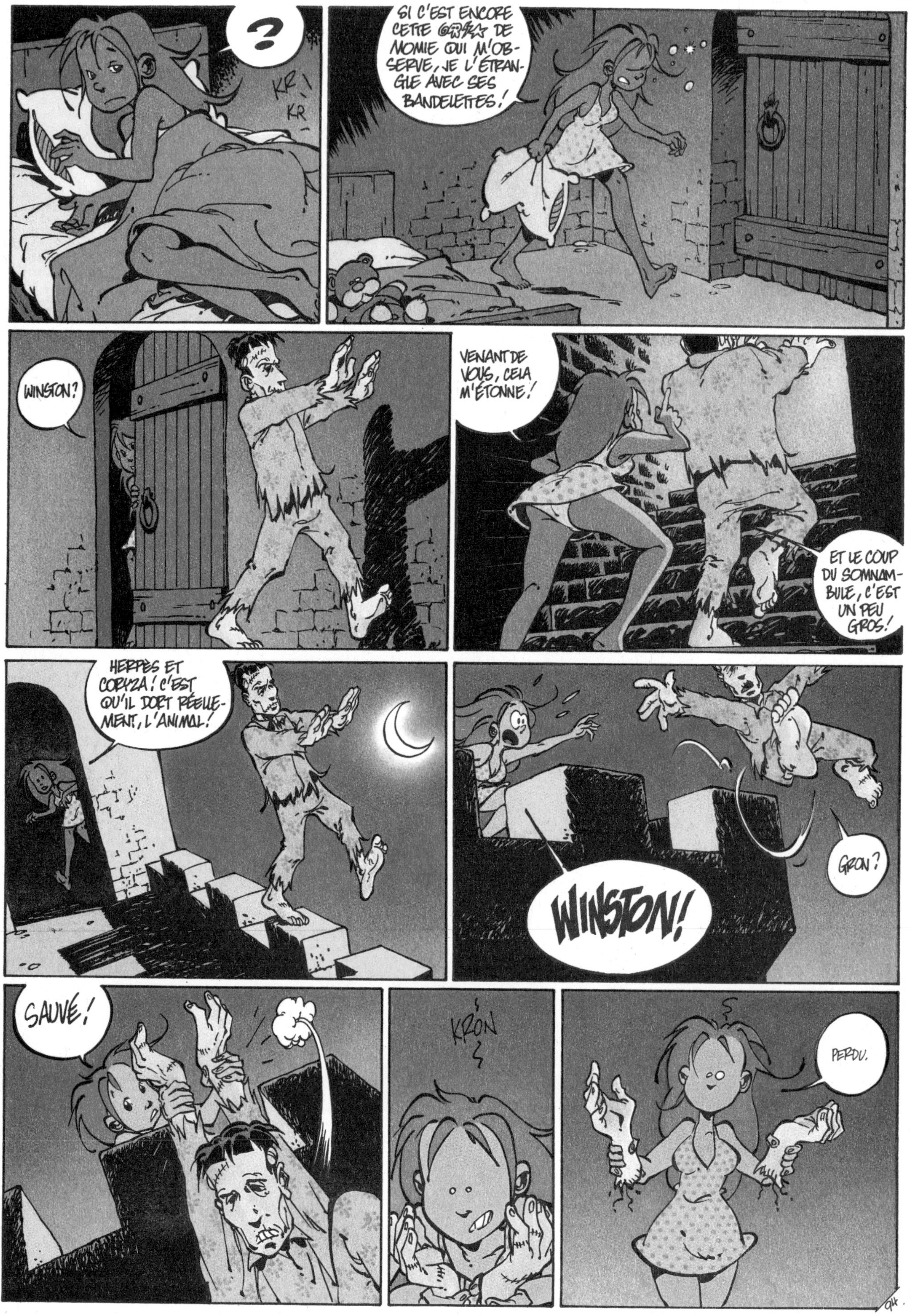
?
KR KR
SI C'EST ENCORE CETTE DE MOMIE QUI M'OBSERVE, JE L'ÉTRANGLE AVEC SES BANDELETTES !
WINSTON ?
VENANT DE VOUS, CELA M'ÉTONNE !
ET LE COUP DU SOMNAMBULE, C'EST UN PEU GROS !
HERPÈS ET CORYZA ! C'EST QU'IL DORT RÉELLEMENT, L'ANIMAL !
GRON ?
WINSTON !
SAUVÉ !
KRON
PERDU.

Mélusine

Clarke & Gilson

MA CHÈRE NIÈCE, JE FAIS UNE PETITE FÊTE CE SOIR AVEC MES AMIS DE LA FORÊT MAUDITE...
JOINS-TOI A' NOUS, CE SONT DES GENS CHARMANTS AUX POUVOIRS ÉTRANGES. MAIS ATTENTION, ILS SONT SUSCEPTIBLES !
EUH... GLUBS !
FAITES-NOUS L'HONNEUR D'ÊTRE DES NÔTRES. NOUS DANSERONS.
GLOB ! SOIT.
BEUH.
VENEZ, MES AMIS, ALLONS NOUS PRÉPARER !
PSST ! FAIS UN EFFORT POUR ÊTRE PRÉSENTABLE !
À CE SOIR, OUI !
BON, POUR NE VEXER PERSONNE, J'AI INTÉRÊT À SOIGNER MA TENUE...
CETTE VIEILLE ROBE FERA L'AFFAIRE.
LE TEINT VERDÂTRE... LES CHEVEUX EN BATAILLE...
JE SERAIS CURIEUSE D'EN SAVOIR PLUS SUR LEUR MAGIE.
EUH... B... BONSOIR...

JE T'EN PRIE, MA TANTE, TU NE DEVRAIS PAS VENIR DANS LES MARAIS.
ET POURQUOI, S'IL TE PLAÎT? TU Y VIENS, TOI!...
OUI, MAIS MOI J'AI 119 ANS!
ET ALORS? TU TROUVES PEUT-ÊTRE QU'À 542 ANS, JE SUIS TROP VIEILLE?
CE N'EST PAS CE QUE JE VOULAIS DIRE...
DIS-MOI CE QUI POURRAIT ME METTRE EN PÉRIL!
HIN! HIN!
BEUH!
BEUH!
BEUH!
BEUH!
... PAS LES SANGSUES, EN TOUT CAS...
... ENCORE MOINS LES MONSTRES!
COUCHÉ!
POUF!
?
NI MÊME LES CHASSEURS!
COIN! COIN!
?
?
?
POUF!
ALORS? QUOI? HEIN!?
LES MARÉCAGES EUX-MÊMES, PEUT-ÊTRE...
...TOUT SIMPLEMENT.
?!
BLORBL... BLORBL...

Mélusine

Clarke & Gilson

AAH ! LA FORÊT MAUDITE EST LE PLUS BEL ENDROIT QUE JE CONNAIS-SE ! ...
PF ! PF !
... MES INGRÉ-DIENTS !
... LES INCANTA-TIONS ... deimo plura nominon momoth ♀ et obao kalendula premiul ≈
CETTE POTION CHANGERA EN PIERRE TOUS LES ÊTRES VIVANTS À MOINS DE DIX LIEUES À LA RONDE !
HA ! HA ! HA !
... CE QU'IL NE FAUT PAS INVENTER POUR PRENDRE UN BAIN EN PAIX !

JE CROIS QUE J'AI RÉUSSI, MÉLUSINE.
TU VEUX ESSAYER?
NON MERCI! JE VAIS TRÈS BIEN, MOI!
BON.
GLOP!
G.
KRAK!
BÜNK!
TANTINE?
BLOUF!
ELLE DORT.
Z.
BRAVO, CE SOMNIFÈRE EST EFFICACE.
Z.
MAIS BON.
GLOPS.

Passe-moi l'ciel

Stuf & Janry

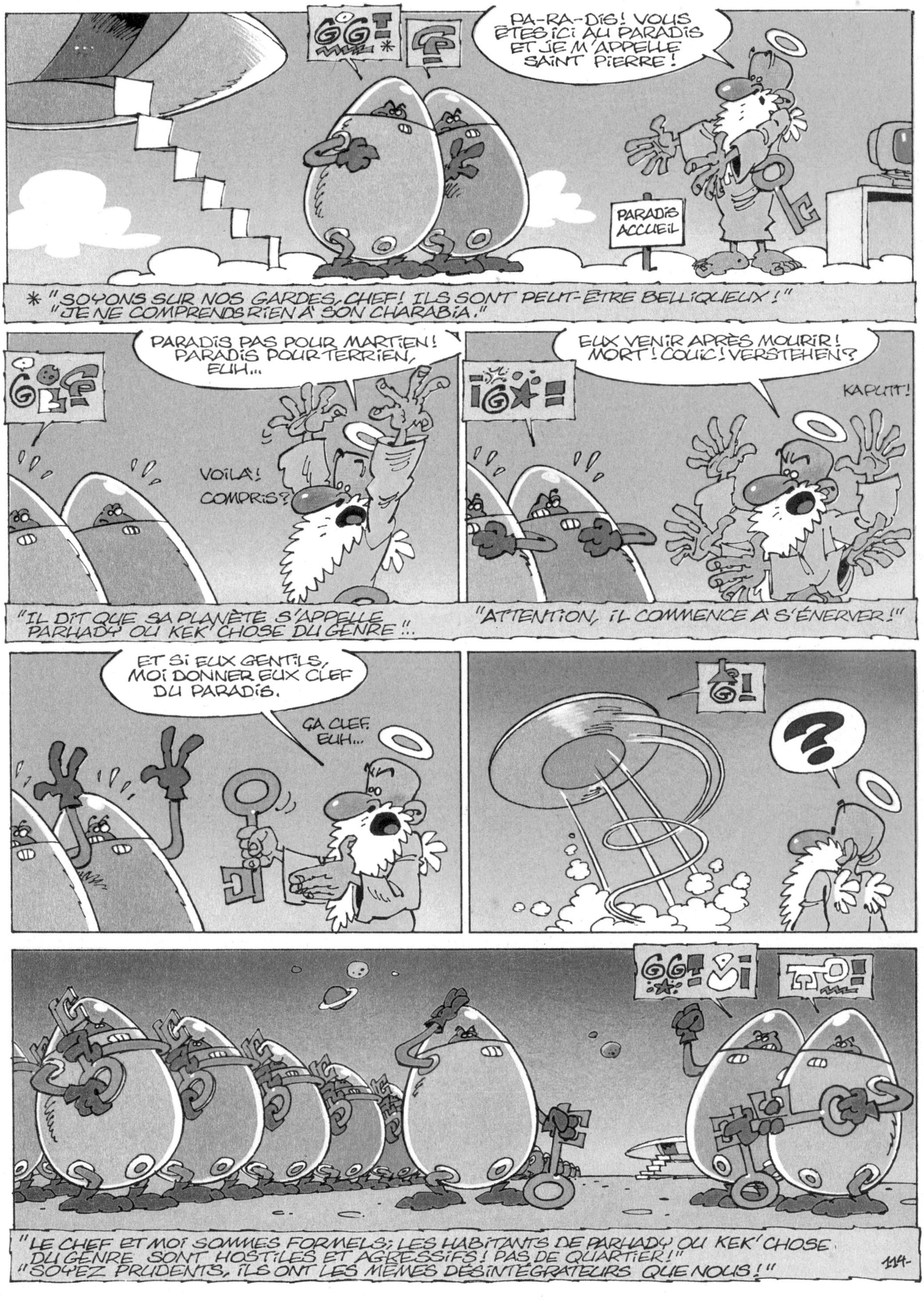

PA-RA-DIS! VOUS ÊTES ICI AU PARADIS ET JE M'APPELLE SAINT PIERRE!
PARADIS ACCUEIL
* "SOYONS SUR NOS GARDES, CHEF! ILS SONT PEUT-ÊTRE BELLIQUEUX!" "JE NE COMPRENDS RIEN À SON CHARABIA."
PARADIS PAS POUR MARTIEN! PARADIS POUR TERRIEN, EUH...
VOILÀ! COMPRIS?
"IL DIT QUE SA PLANÈTE S'APPELLE PARHADY OU KEK'CHOSE DU GENRE!"
EUX VENIR APRÈS MOURIR! MORT! COUIC! VERSTEHEN?
KAPUTT!
"ATTENTION, IL COMMENCE À S'ÉNERVER!"
ET SI EUX GENTILS, MOI DONNER EUX CLEF DU PARADIS.
ÇA CLEF. EUH...
"LE CHEF ET MOI SOMMES FORMELS: LES HABITANTS DE PARHADY OU KEK'CHOSE DU GENRE SONT HOSTILES ET AGRESSIFS! PAS DE QUARTIER!"
"SOYEZ PRUDENTS, ILS ONT LES MÊMES DÉSINTÉGRATEURS QUE NOUS!"
114-

Passe-moi l'ciel

Stuf & Janry

SUIVANT!
PARADIS ACCUEIL
VOUS N'ENTREZ PAS, MONSIEUR LANDRU... PAS D'ASSASSINS AU PARADIS.
!
M... MAIS!
P... PITIÉ, SAINT PIERRE.
JE... NAVRÉ! VOYEZ MON ORDINATEUR, VOUS DEVEZ ALLER EN ENFER!
NON!
JE VOUS EN SUPPLIE! PAS EN ENFER!
NON! JE NE PEUX PAS! LE RÈGLEMENT! HEU...
DÉSOLÉ!
PITIÉÉÉÉE! PAS LES FLAMMES! PAS LES TRAVAUX FORCÉS! JE SUIS SI SENSIBLE, SI FRAGILE, BLABLA...
REMORDS
SNIF! BON, ENTREZ MAIS DISCRÈTEMENT, LA POLICE DISCIPLINAIRE POURRAIT NOUS VOIR. CE SONT DES VICI...
CRAC, DEDANS!
HOP!
POLICE DISCIPLINAIRE
...ET NE LE MÉNAGEZ PAS, SURTOUT!
NOUS AVONS MIS AU POINT DE NOUVELLES TORTURES, VOUS SEREZ CONTENT!
HÉ, LES GARS! Z'AVEZ VU QUI EST LÀ?
SAINT PIERRE! DIX ANS QUE JE GRILLE ICI À CAUSE DE CE SALAUD!
MOI AUSSI!
VENEZ, LES GARS! ON VA ENFIN CASSER AUTRE CHOSE QUE DES CAILLOUX!
OUAIS!
OUAIS! ALLONS-Y!
POLICE DISCIPLINAIRE
ENFER HAUTE SÉCURITÉ

COMMENT ÇA, JE SUIS MORT ?
DANS VOTRE CAS, JE PARIERAIS POUR UN INFARCTUS.
PARADIS ACCUEIL
À MOINS D'UN MÈTRE DE L'ARRIVÉE DU MARATHON DU SIÈCLE; LE TITRE DE MA VIE! VOUS ALLEZ ME RESSUSCITER TOUT DE SUITE, NOM DE
!
HEU... JE NE PEUX RIEN POUR VOUS, MAIS SI VOUS CROYEZ EN LA RÉINCARNATION...
ALLEZ AU PARADIS HINDOUISTE, LÀ, ILS...
J'Y FONCE !
QUELQUES NUAGES PLUS LOIN...
PARADIS DES NUAGES
01
PARADIS HINDOUISTE
VOUS RÉINCARNER EN FUSÉE? CE N'EST PAS AUSSI SIMPLE, SAHIB!
TOUT DÉPEND DE VOTRE KARMA. VOUS POUVEZ AUSSI BIEN VOUS TRANSFORMER EN TIGRE QU'EN CRAPAUD. PENSEZ-Y!
BAH, J'AI CINQ CENTS MÈTRES D'AVANCE SUR CES TORTUES... JE PRENDS !
SOIT! À LA UNE, À LA DEUX...
01
À LA TROIS!
TROMP
TROMP
TROMP
TROMP
TROMP
POUF!
?
MARATHON DU SIÈCLE
01

BIEN SÛR QU'IL SAIT QU'ON A RENDEZ-VOUS ! IL NE RATERAIT UN BILLARD POUR RIEN AU MONDE !
IL T'A DIT UNE HEURE ?
PARADIS ACCUEIL
FERMÉ
IL DEVAIT RENTRER POUR SEIZE HEURES, TOUT AU PLUS.
JE VOIS !
TOUS LES CLIENTS DONT IL S'EST OCCUPÉ AUJOURD'HUI SONT PASSÉS CHEZ MOI, SAUF LE DERNIER.
IL DOIT ÊTRE BLOQUÉ DESSUS ! C'EST QUI, CE CLIENT ?
UN VIEUX BONHOMME DE QUATRE-VINGTS BERGES...
IL EST ÉLEVEUR DE CHIENS, JE CROIS.
KIKI

DIS, PAPA ! ON NE REVERRA PLUS GRAND-PÈRE ?
EH NON ...
VOIS-TU, FISTON, PAPY EST PARTI POUR UN BEAU ET MERVEILLEUX VOYAGE.
!
... CE VOYAGE L'EMMÈNERA DANS LE CIEL À TRAVERS LES NUAGES.
?
DE GRANDS OISEAUX BLANCS GUIDERONT SON VOL VERS UN DOMAINE SECRET CONNU D'EUX SEULS.
UN DOMAINE FABULEUX, INONDÉ DE MILLE PARFUMS ET SCINTILLANT DE MILLE COULEURS, BIEN AU-DELÀ DES ÉTOILES.
PAPY Y ACCÈDERA SANS RÉSERVE CAR IL ÉTAIT UN BON ET HONNÊTE GRAND-PAPY.
CIEL
POUR LES BONS ET HONNÊTES GRAND-PAPYS.
CE DOMAINE ENCHANTÉ S'APPELLE LE PARADIS ET SAINT PIERRE EN EST LE GARDIEN.
ET QUAND PAPY Y ARRIVERA, LE BRAVE SAINT-PIERRE L'ACCUEILLERA PAR CES MOTS :
REVENEZ DEMAIN !
FERMÉ
PARADIS ACCUEIL
I ♥ SNOOKER
115.

GOSH! COMMANDANT, ON N'Y VOIT GOUTTE! NOUS AVONS DÛ HEURTER UNE GROSSE MOUETTE!
PARADIS ACCUEIL
AIR LINES

Passe-moi l'ciel

Stuf & Janry

ALORS, C'EST LE GRAND JOUR?
BEN, JE N'AI QUE TROIS DÉCÈS AUJOURD'HUI... L'IDÉAL POUR UNE PETITE INITIATION.
HEIN, FISTON?
HÉ! HÉ!
PARADIS ACCUEIL
AC DC
TROIS DÉCÈS SEULEMENT? WAOW! ON AURA TOUTE LA JOURNÉE POUR LE BILLARD!
COMPTE SUR MOI, ÇA NE TRAÎNERA PAS! ALLEZ VIENS, BONHOMME!
HOP!
TERRE
NOUS Y VOILÀ, FILS! TU VOIS LE TYPE EN VOITURE, LÀ?
MUT!
BIP!
JE TIENS MA FAUX MAGIQUE COMME ÇA, DE LA MAIN DROITE ET...
FAUCH
BIP!
COMPRIS? VOILÀ NOTRE SECOND CLIENT: L'HOMME-GRENOUILLE, LÀ. REGARDE BIEN.
À LA UNE, À LA DEUX...
FAUCH
?
VU? LE DERNIER EST POUR TOI, FISTON: LE TYPE QUI SE PENCHE AU GARDE-FOU DE CE BATEAU. FASTOCHE!
?
TU FAIS COMME JE T'AI DIT, EN SOUPLESSE. LES GENOUX FLÉCHIS. LÀÀA, VAS-Y!
OUI, PAPA.
NOOON! PAS COMME ÇA, MALADROIT!
FAUCH
POUR LE BILLARD, ON SE VERRA DEMAIN, JE N'AI QUE DEUX CLIENTS. HEU...
BON, J'Y VAIS, LES AUTRES M'ATTENDENT.
"DE LA MAIN DROITE"... M' SOUVIENS PAS, MOI.
PARADIS
AC DC
121

Passe-moi l'ciel

Stuf & Janry

MISÈRE! 15 À 0, C'EST LA RACLÉE!
HÉ, LES GUIGNOLS, POUVEZ ENCORE ABANDONNER! HI! HI! HI!
PARADIS
PF! MARREZ-VOUS! VOUS RIREZ MOINS APRÈS CE COUP-CI!
HOP!
HÉ!
MA BOULE!
TAK
QUAND ON EST AUSSI MALADROIT, ON JOUE AUX DOMINOS, PATATE!
QUEL GAFFEUR, LUI!
C'EST ÇA! JE VOUS LAISSE ENTRE CHAMPIONS! J'AI DU BOULOT! SALUT!
PLUS TARD...
SUIVANT!
PARADIS ACCUEIL
ALPHONSE?
...JE CROIS QUE J'AI RETROUVÉ TA BOULE.
?
?
HEP! LES GARS! ÇA VOUS TENTE, UN PETIT BOWLING?

Cédric

Laudec & Cauvin

?
... ET À MON AVIS, ÇA LUI FERA LE PLUS GRAND BIEN. AU MOINS, IL PRENDRA L'AIR PLUTÔT QUE DE RESTER ICI, ENFERMÉ TOUT LE WEEK-END, À REGARDER LA TÉLÉVISION !
VOUS AVEZ RAISON, MONSIEUR LE VICAIRE ! JE VAIS LUI EN PARLER !
MERCI ! JE COMPTE SUR VOUS ! AU REVOIR, MADAME DUPONT !
QU'EST-CE QUI ME FERA LE PLUS GRAND BIEN ?
TIENS, CÉDRIC ! TU AS TOUT ENTENDU ?
NON, ET C'EST ÇA QUI M'INQUIÈTE !
À PARTIR DE DIMANCHE, TU VAS FAIRE PARTIE DES LOUVETEAUX !
QUOI ? MAIS JE...
À DIMANCHE, CÉDRIC !
VROAP PÊT PÊT PÊT
NAN, J'IRAI PAS NAN, J'IRAI PAS
PÊT PÊT PÊT
CÉÉÉDRIC !
NAN, J'IRAI PAS ! NAN, J'IRAI PAS !
45/1

ET C'EST AINSI QUE LE DIMANCHE SUIVANT...
YOUKAÏDIYOUKAÏDAYOU
?
...YOUKAÏDIAÏD
...YOUKAÏDIAÏDAA
EH BIEN, CÉDRIC ?
J'AI UN CAILLOU DANS MA GODASSE !
ENCORE ?
EST-CE MA FAUTE SI VOUS M'OBLIGEZ À MARCHER SUR LA TERRE BATTUE, ET PAS SUR LE MACADAM ?
CE SONT LES VOITURES QUI ROULENT SUR LE MACADAM !
ALORS, IL NE FAUT PAS VOUS ÉTONNER SI J'AI DES CAILLOUX DANS MES GODASSES !
CÉDRIC, REJOINS TES PETITS CAMARADES ET NE FAIS PAS TA MAUVAISE TÊTE, VU ?
VU !
YOUKAÏDIYOUKAÏDAYOUKAÏD
CACADI CACA D'OIE
CACADI ET CACA D'OIE !
45/2

DEUX HEURES PLUS TARD...
CHRISTIAN, TU N'AS PAS VU CÉDRIC ?
À LA RIVIÈRE ! IL EST DE "CORVÉE EAU" !
IL A ACCEPTÉ UNE CORVÉE... C'EST BON SIGNE !
AVEC UN PEU DE PATIENCE, J'ARRIVERAI BIEN À EN FAIRE QUELQUE CHOSE DE CE PETIT !...
CÉDRIC !
SPLATCH
CE... CÉDRIC !
oui ?
!?
45/3

PLUS TARD...
ALORS, BALOO ! COMMENT ÇA VA, AVEC NOTRE NOUVELLE RECRUE ?
?
BOUHOUU
CÉDRIC !
ON NE PEUT VRAIMENT PAS DIRE QUE TU Y AS MIS DE LA BONNE VOLONTÉ !
RATATA PET PÈT
JE N'AVAIS RIEN DEMANDÉ, MOI ! J'ÉTAIS BIEN TRANQUILLE, JE REGARDAIS STARSKY ET HUTCH À LA TÉLÉ !
YOUKAÏDIYOUKAÏDAYOUKAÏDIAÏDAA...
?
QU'EST-CE QUI L'A FAIT CHANGER D'AVIS ?
À VRAI DIRE, JE N'EN SAIS RIEN...
ELLES SONT INSTALLÉES OÙ ÇA ?
PAS LOIN D'ICI ! SI TU VEUX, ON PIQUERA UNE POINTE JUSQUE-LÀ CE SOIR...
TU PARLES, SI JE VEUX...
45/4
CAUVIN - Laudec

Cédric

L a u d e c & C a u v i n

OH!
BONJOUR, CHEN !
BONJOUR, CHEN!
NE TE FATIGUE PAS! À CAUSE DE SON BALADEUR, ELLE NE PEUT PAS T'ENTENDRE...
ET DIRE QUE C'EST MOI QUI LUI AI OFFERT CE
DE BIDULE !
EH OUI !
J'AURAIS MIEUX FAIT DE M'ÉMIETTER UNE ROTULE CE JOUR-LÀ !
EH OUI !
DIS, CÉDRIC, POURQUOI TU NE LUI ENREGISTRES PAS UNE CASSETTE? QUAND ELLE LA METTRA DANS SON BALADEUR, ELLE SERA BIEN FORCÉE DE T'ÉCOUTER !
C'EST POSSIBLE, ÇA ?
BIEN SÛR, JE CHIPE UNE CASSETTE À MON FRÈRE, AINSI QUE SON MAGNÉTOPHONE PORTATIF...
... ON VA DANS UN ENDROIT DÉSERT, ON ENREGISTRE TA VOIX ET HOP, LE TOUR EST JOUÉ !
ET QUI LUI REMETTRA ?
QUOI ÇA ?
LA CASSETTE !
À QUI ?
BEN, À CHEN...
MA SOEUR!
46/1

PLUS TARD...
BON... T'ES PRÊT ?
OUAIS !
VAS-Y ! PARLE !
EUH... AHEM... JE...
MEÛÛÛUH
MEÛÛH?!
PRÊT ?
DIDJÎÎ ! SALE BÊTE !
VAS-Y !
ALLEZ !
VAS-Y !
PARLE !
JE... EUH JE...
J'PEUX PAS !
COMMENT ÇA, TU NE PEUX PAS ?
PARCE QUE... PARCE QUE TU ES LÀ, À ME REGARDER AVEC TON AIR IDIOT, ET QUE ÇA ME COUPE LE SIFFLET !
MAIS J'ENREGISTRE !
46/2

IL N'Y A PAS MOYEN D'ENREGISTRER TOUT SEUL ?
SI !
ET TU NE POUVAIS PAS ME LE DIRE ?!
MAIS TU NE ME L'AS PAS DEMANDÉ !
ON FAIT QUOI ?
ON APPUIE ICI ET ON PARLE LÀ-DEDANS !
TU ES BIEN SÛR QUE...
PARFAIT, ET À PRÉSENT, DISPARAIS !
CHRISTIAN, DISPARAIS !
BON !
HEU... AHEM... JE HEU... CHEN, C'EST MOI... HÉHÉ... CÉDRIC...
ET QUAND ON A TERMINÉ, ON FAIT COMMENT ?!..
TU... TU APPUIES SUR STOP !
CLIK
46/3

BEAUCOUP PLUS TARD...
ALORS?
TOUT EST O.K! MA SOEUR LUI A REMIS LA CASSETTE!
ET TU CROIS QU'ELLE VA L'ÉCOUTER?
TU PARLES! ELLE LUI A DIT QUE C'ÉTAIT DU J.J. GOLDMAN, ELLE ADORE ÇA!
AH! ÇA Y EST!
CLAK
CÉDRIC, QU'EST-CE QUE TU FAIS? REGARDE!
?
J'OSE PAS!
CLIK
CHRISTIAN... DIS-MOI QUELLE TÊTE ELLE A? HEIN? DIS?
ELLE... ELLE A L'AIR SURPRISE!
MAIS... MAIS QU'EST-CE QUE?
POURQUOI ELLE L'ENLÈVE?
CLAK
?!!
???
ADELINE, QU'EST-CE QUI S'EST PASSÉ? POURQUOI T'A-T-ELLE RENDU LA CASSETTE?
JE NE SAIS PAS! ELLE M'A JUSTE DIT QU'ELLE NE COMPRENAIT PAS UN MOT D'ESPAGNOL!
D'ESPAGNOL?
MINCE! CE SONT LES COURS DE LANGUE DE MON FRANGIN! HEUREUSEMENT QUE TU AS FAIT UNE FAUSSE MANOEUVRE ET QUE TU NE LES AS PAS EFFACÉS! QU'EST-CE QU'IL AURAIT RÂLÉ!
T'AS RAISON! DANS LE FOND, IL VAUT MIEUX LUI ÉCRIRE, C'EST PLUS SÛR!
FERME-LA VEUX-TU!
MEÛÛH!
CAUVIN Laudec
46/4

TRIIIIIIII
?!
NONDIDJIII!
QUELQUE CHOSE NE VA PAS, BALOO?
NON, L'ABBÉ!
CE MATIN, TOUT LE MONDE A RÉPONDU À L'APPEL... EXCEPTÉ, NATURELLEMENT...
CÉDRIC?
GAGNÉ!
IL N'EST PEUT-ÊTRE PAS RENTRÉ DE TOUTE LA NUIT! IL FAUT ALLER À SA RECHERCHE!
JE VOUS AVAIS AVERTI QU'ON N'AURAIT QUE DES ENNUIS AVEC CELUI-LÀ!
CÉDRIIIC!
CÉDRIC!
CÉDRIC!
CÉDRIIIIC!
CÉDRIC!
CÉDRIC
50/1

ALORS?
ON A FOUILLÉ LE BOIS ET TOUS LES ALENTOURS, ON A QUESTIONNÉ LES FERMIERS DES ENVIRONS... RIEN!..
CÉDRiiiC?
CÉÉÉDRiiiC!
IL NE RESTE PLUS QU'À DRAGUER L'ÉTANG! J'APPELLE LES POMPIERS?
CÉÉDRiiC!
MON DIEU, MON DIEU... VOUS CROYEZ QUE...?
IL FAUT SE RENDRE À L'ÉVIDENCE... À MOINS QUE...
À MOINS QUE?..
CÉDRiiiC
HOUHOU
HOUHOUUU
CÉDRiiiC
LE CAMP DES FILLES EST LOIN D'ICI?
LES FILLES? ELLES N'ÉTAIENT PAS DE SORTIE CE WEEK-END!
J'APPELLE LES POMPIERS!
MON DIEU! MON DIEU!
AH! ENFIN!
L'ABBÉ!
OUI?
LE PAUVRE! IL EST RESTÉ COINCÉ DANS SON SAC DE COUCHAGE DURANT TOUT CE TEMPS?
BEN OUI! IL NE POUVAIT EN SORTIR PUISQUE LA FERMETURE ÉTAIT COINCÉE!
LE PIS, C'EST QUE J'ENTENDAIS CRIER "CÉDRiiiC" PARTOUT, QUE JE RÉPONDAIS "ICI"! ET QUE PERSONNE NE M'ENTENDAIT!... AH, C'EST BEAU, LES COPAINS!
FAUT PAS NOUS EN VOULOIR... FRANCHEMENT, ON TE CROYAIT PLUS LOIN!
NOYÉ, PEUT-ÊTRE...
DOMMAGE, POUR UNE FOIS, J'AURAIS EU QUELQUE CHOSE À RACONTER...
50/2
CALVIN. LAUDEC

FIN

Cédric

Laudec & Cauvin

QU'EST-CE QUE TU VAS FAIRE, PA ?
ACCROCHER CE CADRE AU MUR !
AÏE AÏEAÏE !
QUOI, AÏE AÏE AÏE ? VOUS NE M'EN CROYEZ PAS CAPABLE, PEUT-ÊTRE ?
ÇA, ON VA LE SAVOIR TOUT DE SUITE !
PAPA, LAISSE ROBERT EN PAIX, VEUX-TU !
OH MOI, POUR CE QUE J'EN DISAIS !... N'EMPÊCHE, ENFONCER UN CLOU DANS UN MUR N'EST PAS À LA PORTÉE DU PREMIER VENDEUR DE CARPETTES VENU...
PAPA !
LAISSE TOMBER, CHÉRIE ! LA BAVE DU VIEUX FOSSILE N'ATTEINT PAS LA BLANCHE COLOMBE !
VOUS SAVEZ CE QU'IL VOUS DIT, LE VIEUX FOSSILE ?!
MAMAN, JE PEUX ALLER FAIRE UN PETIT TOUR ?
NON, CÉDRIC ! LE DÎNER SERA BIENTÔT PRÊT !
ET À PRÉSENT, SILENCE ! JE ME CONCENTRE !
IL SE CONCENTRE !
BLOUF
BLOUF ?
OUAAAAAAH
C'ÉTAIT DU TOUT CUIT ! CE QUE TU ENTENDS À PRÉSENT, C'EST SON PREMIER CRI DE DOULEUR...
ROBERT !
42/1

MAIS TU AS INTÉRÊT À TE BOUCHER LES OREILLES, GAMIN ! LE RESTE VA SUIVRE !
DEMILLEMILLIARDSDINOM
DIDJODÉCENT
MILLIARDS
DJÛÛ
ROBERT, CALME-TOI !
JE L'AVAIS DIT !
PAPA, TAIS-TOI !
ET PUISQUE VOUS ÊTES SI MALIN, VOUS N'AVEZ QU'À LE FAIRE VOUS-MÊME...
VOUS ME METTEZ AU DÉFI ?
OÙ SONT-ILS PARTIS ?
À LA SALLE DE BAINS ! TA MÈRE EST ALLÉE SOIGNER LE POUCE DE TON PÈRE...
ENFIN, CE QU'IL EN RESTE !
MAIS...? QU'EST-CE QUE TU VAS FAIRE, PÉPÉ ?...
LUI PLANTER SON CLOU !
MAIS PÉPÉ...
NE DISCUTE PAS, GAMIN ! IL M'A MIS AU DÉFI ! APPORTE-MOI UNE CHAISE, JE SUIS TROP BAS !
ALORS ? ÇA VIENT ?
VOILÀ, VOILÀ, J'ARRIVE !
IL Y A DES JOURS COMME ÇA, OÙ JE PRÉFÈRE ENCORE ÊTRE EN CLASSE !
42/2

DONNE-MOI UN COUP DE MAIN, VEUX-TU ?..
OUI, PÉPÉ !
MMMPH...
LÀÀÀ ! ÇA Y EST ! PASSE-MOI LE MARTEAU ET LE CLOU !
TU ES SÛR QUE...
DONNE !
GNNNNNNN
?
SCHRATCH
KLING BLING KLING
DEMILLEMILLIADSDE
MAMAN, IL Y A PÉPÉ QUI...
MON DIEU ! QU'EST-CE QU'IL A ENCORE FAIT, CELUI-LÀ ?
J'ESPÈRE QU'IL N'A PAS OSÉ !...
SI !
MAIS NOM DE NOM, QU'EST-CE QUI VOUS A PRIS ?
J'AIME PAS QU'ON ME METTE AU DÉFI !
TE VOILÀ BIEN AVANCÉ À PRÉSENT !
MAMAN, LE CADRE EST CASSÉ !
NE RESTE PAS LÀ, CÉDRIC ! IL Y A DES DÉBRIS DE VERRE PARTOUT !
AH, VOUS, NE ME TOUCHEZ PAS !
C'EST JUSTE POUR VOIR SI VOUS N'ÊTES PAS BLESSÉ, VIEUX FOU !

LAISSEZ-MOI MOURIR EN PAIX!
NOOOON!? VOUS DITES CELA POUR ME FAIRE PLAISIR?
HÎÎÎÎÎÎÎÎÎÎÎÎ
CHÉRIE?
MARIE-ROSE?
MAMAN?
OUÏE OUIE OUIE OUIE OUIE OUIE OUIE...
PLUS TARD...
DITES, C'EST PAS TOUT ÇA, MAIS QUAND EST-CE QU'ON MANGE?
ÉCOUTE, CÉDRIC, TÂCHE DE COMPRENDRE, COMMENT VEUX-TU ÉPLUCHER UNE POMME DE TERRE AVEC UN DOIGT COMME ÇA?
ET MOI, J'AI MAL PARTOUT!
LE DOCTEUR M'A DÉCONSEILLÉ DE METTRE LES MAINS DANS L'EAU!
MAIS, J'AI FAIM, MOI!
ÉCOUTE, PRENDS DE L'ARGENT DANS MON PORTEFEUILLE ET VA T'ACHETER CE QUE TU VEUX!
AVEC DE LA CHOUCROUTE?
...ET UN PEU DE MOUTARDE, MERCI.
TARIF
DIS-MOI, P'TIT, JE N'AI PAS TRÈS BIEN COMPRIS! TES PARENTS NE VEULENT PAS TE FAIRE À MANGER?
D. KOX
HOT-DOGS
TARIF
CE N'EST PAS QU'ILS NE VEULENT PAS, ILS NE PEUVENT PAS!
ILS NE...? OH ET PUIS ZUT! MOI, DU MOMENT QUE ÇA FAIT MARCHER LE COMMERCE...
424

CAUVIN - Laudec

B-BIENVENUE AU P-PARADIS. A-AVANT D'ENTRER, V-VOUS DEVEZ D'ABORD RÉPONDRE À TROIS QUESTIONS, EUH...
EUH... VOILÀ...
EUH...
PARADIS ACCUEIL
Ce bourreau doit-il pousser ou tirer sur le levier pour ouvrir la trappe?
DÉBROUILLEZ-VOUS!
MERCI! C'EST SYMPA!
MAUVAIS! SUIVANT!
SOYEZ LE BIENVENU, CHER AMI! MAIS POUR ENTRER, IL VOUS FAUDRA D'ABORD RÉSOUDRE CES TROIS JEUX:
CIEL!
De nombreux pays ont aboli la peine de mort. Pouvez-vous dire lesquels parmi ceux-ci?
MAIS... ÇA CHANGE TOUT, ÇA!
CHINE
IRAN
COLOMBIE
JAPON
DANEMARK
SUÈDE
FRANCE
URSS
NUL! ZÉRO! AU SUIVANT!
BIENVENU AU PRADADIS, VOICI PROS CROIS ÉTREUNES CHERAMIMI!
C'EST ICI!
Ce condamné a le droit de réaliser une dernière volonté. Laquelle?
HEU...
SPIROU
LE CHINOIS EN 500 LEÇONS
NON, NON ET NON! C'EST MAUVAIS! ÇA SUFFIT!
ALLONS, SAINT PIERRE, TU PLAISANTAIS! TU NE VAS TOUT DE MÊME PAS...
JE VOUS L'AI DÉJÀ DIT! JE NE PRÉSENTERAI PLUS CES JEUX RIDICULES!
...POURQUOI PAS AVEC UN CHAPEAU POINTU ET UN GROS NEZ ROUGE, TANT QU'ON Y EST?
SODA

SOLUTIONS : JEU 1 : TIRER. JEU 2 : LA COLOMBIE, LE DANEMARK, LA FRANCE ET LA SUÈDE. JEU 3 : LIRE SPIROU !

Inspecteur ZBU

Borrini & Omond

LE PATRON DU GRAND HÔTEL NOUS AVAIT DONNÉ RENDEZ-VOUS DANS SON BUREAU À HUIT HEURES...
HAA
C'EST UN CRIME!
CERTES OUI, AGENT B2, LES MENACES QU'IL DISAIT AVOIR REÇUES, N'ÉTAIENT PAS DU VENT!
MALHEUREUSEMENT, NOUS ARRIVONS TROP TARD...
DIRLOI
MR DIRLO
FERMEZ TOUTES LES ISSUES! CONVOQUEZ LES PERSONNES SE TROUVANT DANS L'HÔTEL!
MESSIEURS, MESDAMES, À PARTIR DE MAINTENANT, VOUS DEVEZ RESTER À MA DISPOSITION!
QU'EST-CE À DIRE?
FLÛTE ALORS!
EH BIEN!
MALOTRU!
CHEF! J'AI RETROUVÉ LA BOÎTE NOIRE DU PATRON DE L'HÔTEL!
NOUS ALLONS POUVOIR VISIONNER LA DERNIÈRE IMAGE QU'IL A ENREGISTRÉE!
KRRR!
?
PAS DE CHANCE! AUCUN DES SUSPECTS NE CORRESPOND À CETTE SILHOUETTE
HUM... À MOINS QUE...
MAIS BIEN SÛR! LE COUPABLE S'EST TRAHI!
IL EST PLUTOT BON, NON?! ET TOI?
SOLUTION: LE TOURISTE À L'APPAREIL PHOTO A UNE TÊTE CARRÉE PUIS RONDE
C'EST DONC UN EXTRA TERRESTRE POLYMORPHE (QUI PEUT CHANGER DE FORME)!

HORIZONTALEMENT :

1. Son sport est la planche à voile.
2. Valet portant une livrée / Elément du squelette.
3. Orifice de rectum / Muscles permettant la flexion de la cuisse sur le tronc.
4. A cet endroit / A bout de force.
5. Expédition de chasse aux gros animaux, en Afrique / Abréviation pour un saint.
6. Absence de formation d'un organe.
7. Arbre pour la médecine traditionnelle africaine / Préfixe pour beaucoup.
8. Enchevêtrées.
9. Coordination / Prêtresse qui fut changée en génisse / Nation.
10. Ce ne sont pas des choses courantes / Personnel pour moi.

VERTICALEMENT :

1. Dire des choses amusantes.
2. Opération facilitant l'enfoncement de pieux dans le sol / A toi.
3. Qualifie une nappe d'eau souterraine.
4. Dévêtus / Maladie caractérisée par la fatigue et la pâleur.
5. Vaut cela / La nôtre est chrétienne / Le gros est une injure.
6. Sport des courses de chevaux.
7. Originaire / Ce sont des mille-pattes.
8. Petit oiseau.
9. Tranche de pain grillée / Equipe venant d'Angleterre.
10. Crochet de chevillard / Elle est aménagée pour l'envol ou l'atterrissage des avions.

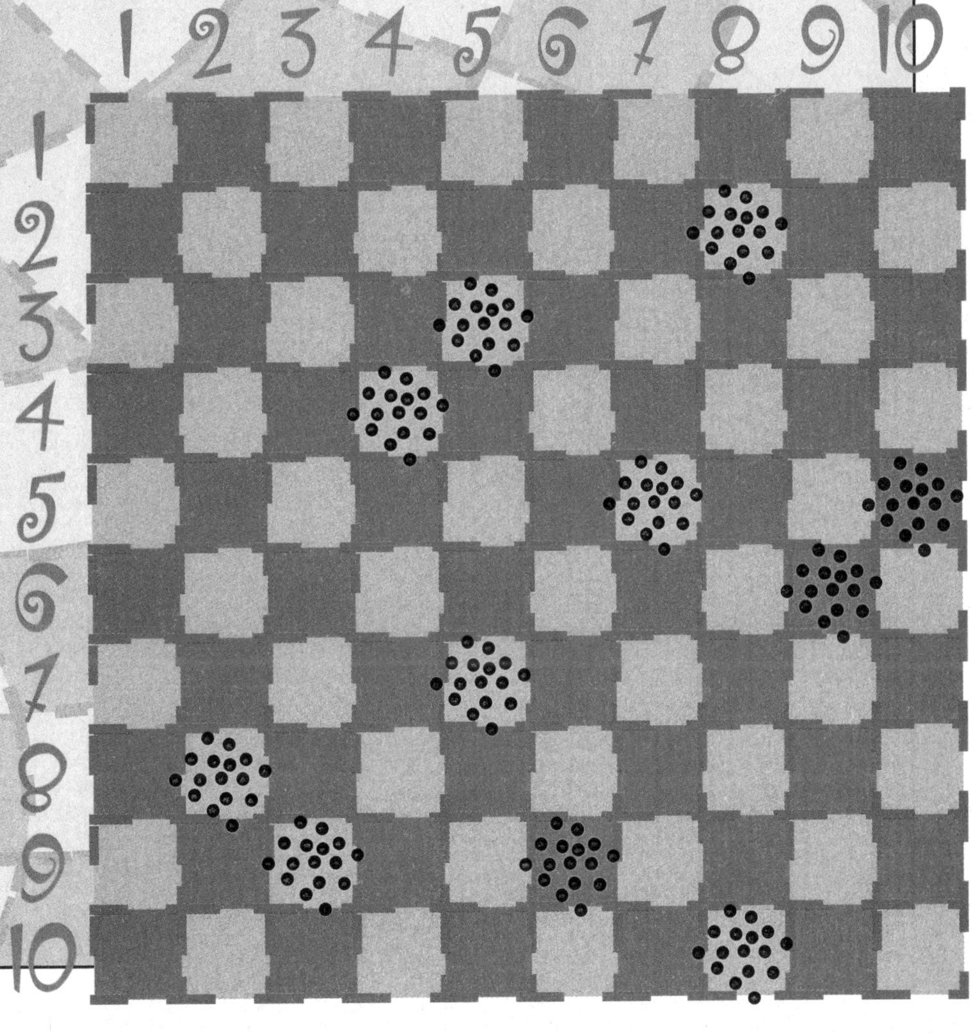

1 2 3 4 5 6 7 8 9 10
1 2 3 4 5 6 7 8 9 10

Joan

The Lucie's Cacophonik Orchestra

Si tu connais la musique, tu n'auras aucun mal à retrouver de quel instrument joue chacune de ces petites Lucie et ainsi recomposer son "Big-Band".

1
2
3
4
5
6
7
8
9
10
11
12
13
14
LUCIE
JOAN

A
B
C
D
E
F
G
H
I
J
K
L
M
N

 SOLUTIONS → 1D - 2F - 3H - 4A - 5L - 6B - 7M - 8N - 9J - 10E - 11G - 12I - 13K - 14C

Jeux d'enfer

Stuf & Janry

?
Si ! Si ! VOUS ÊTES LE BIENVENU, HÉ ! HÉ ! MAIS JE M'ÉTONNE...
HELL'S ANGEL
PARADIS ACCUEIL DES ÂMES 9H00-16H00 FERMÉ LE DIMANCHE
HELL'S ANGEL HEU... "HELL" EN ANGLAIS SIGNIFIE "ENFER", VOYEZ-VOUS ? VOUS ÊTES SÛR DE NE PAS VOUS TROMPER D'ADRESSE ? JE DIS ÇA, JE DIS RIEN ...
VOUS NE VOUS ÊTES PAS TROMPÉ D'ADRESSE ! BON...
...AVANT D'ENTRER, VOUS DEVEZ RÉPONDRE À CES TROIS PETITES QUESTIONS.. MAIS SANS FRAPPER, JE VOUS PRIE...
1 Selon vous, quelle clef anglaise convient à cet écrou ?
?
1 2 3 4 5
2 Dans ces opérations arithmétiques, les chiffres ont été remplacés par des objets. Pouvez-vous reconstituer ces calculs ?
+ − = 2
+ + −
− + = 4
− − +
+ + = 5
= = =
4 3 4
=
=
=
=
=
3 Pouvez-vous rétablir les correspondances entre ces objets contondants et leurs victimes respectives ?
A B C D E F
1 2 3 4 5 6
VOILÀ, C'EST TOUT ! HÉ ! HÉ ! BIENVENUE PARMI NOUS !
MAIS QU'IL EST SYMPATHIQUE !
BEN VOYONS !
RÉPONSES
TU ME CHIPES DES CLIENTS MAINTENANT !? MON AVOCAT A TOUT VU !
TU SAIS CE QUE ÇA VEUT DIRE, "HELL" ?

SOLUTIONS : ① C'EST LA CLÉ NUMÉRO 1 ② CLÉ ANGLAISE = 2 COUP DE POING AMÉRICAIN = 1 POIGNARD = 5 BOTTE = 4 CASQUE = 3 ③ A5-B6-C4-D2-E1-F3

HORIZONTALEMENT :

1. Machine fonctionnant avec des logiciels.
2. Oiseau passereau ou souverain d'un petit pays.
3. Elle s'oppose à la mollesse / Ils précèdent les autres.
4. Ravir / Outils coupants du menuisier.
5. Ou négatif / Un imprévu / Aperçu.
6. Bien distincte / Apparues.
7. Leurs lignes sont franchies en premier par les vainqueurs.
8. Il s'oppose à l'amont / Ce qui y va est tout naturel.
9. L'alpiniste crie victoire quand il l'atteint / Retirant.
10. Qualité de ce qui est extensible et souple.

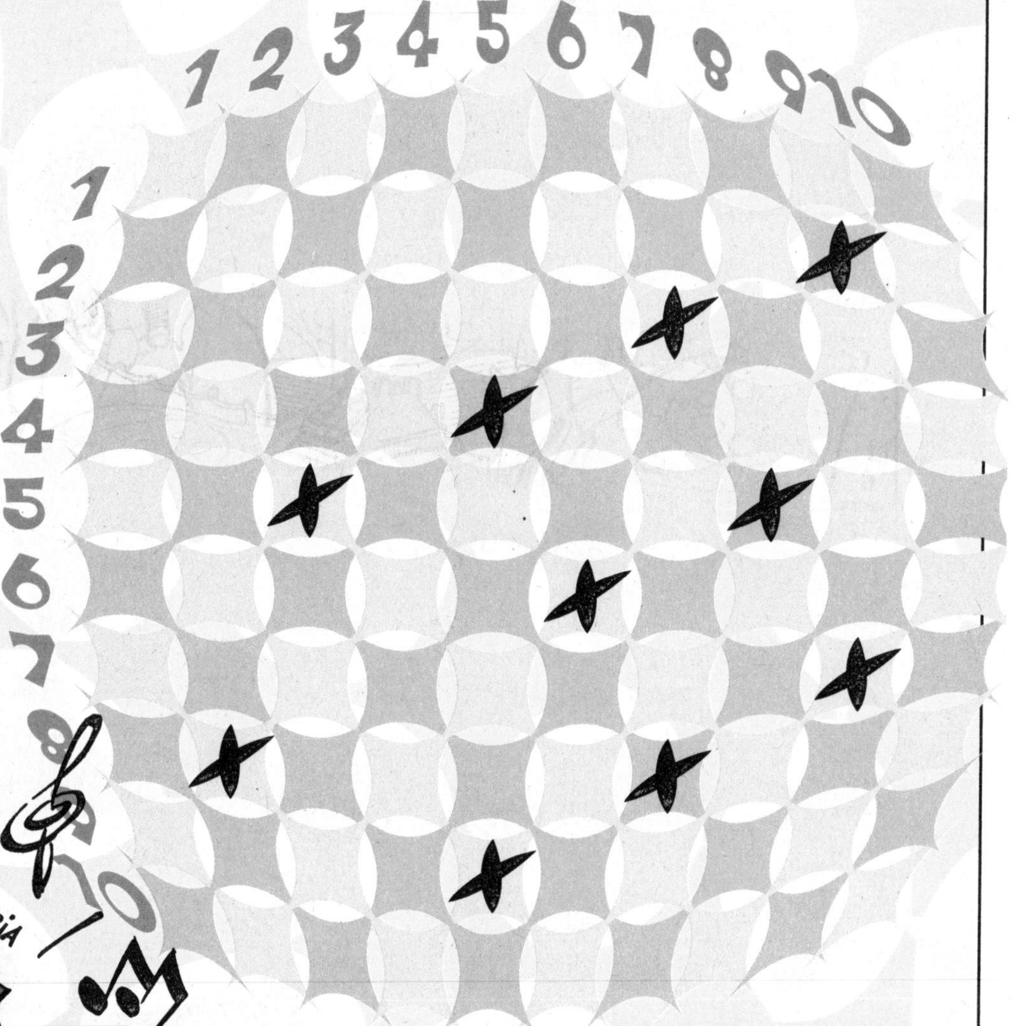

GLORIA

VERTICALEMENT :

1. Liste des médicaments prescrits par un médecin.
2. Conducteur de poids lourd / Pronom pour un homme.
3. Exprimer par la parole / Ourdit.
4. Répétées plusieurs fois.
5. Tel le poids qui n'est pas brut / Monnaies bulgares.
6. Protège-matelas / Saint qui critiqua la tenue vestimentaire du roi Dagobert.
7. Règle de dessinateur / Elle barbote dans la mare / Symbole chimique du technétium.
8. Gaine / Tentative.
9. A l'origine d'un glacier / Possèdent.
10. Revenu à la vie.

Des Jeux pour jouer avec Pic & Zou

Pic

REGARDEZ LES PETITS ROBOTS DANS LA MARGE : ILS VOUS MONTRENT DEUX DÉTAILS RIGOUREUSEMENT SEMBLABLES QUI FIGURENT DANS LES DEUX DESSINS !! CE JEU EST EXACTEMENT L'OPPOSÉ DU JEU DES SEPT DIFFÉRENCES : IL FAUT TROUVER (EN PLUS DE L'EXEMPLE) LES SEPT ANALOGIES ENTRE LES DEUX DESSINS !

DRAGZ
BOSS
30.
EXIT
PLANNING 98
ATELIER DES BULLES
TUUUT TUUUT !!
ROONN ZZZZ ROONN !
DRITING
PAPOTI PAPOTA PAPOTI VOTA PAPOTI PAPOTA !
BLABLABLA BLABLABLABLA BLABLABLA !!
PSSSHHH
POPS
PSSHH

I° EN HAUT : LA RIDE SUR LA TEMPE DE L'OUVRIER À DROITE et EN BAS : LE "X" DANS LA PELLE DE LUCIE. - II° LE NEZ DU DRAGZ et LE BOUTON "ON-OFF" SUR LA MACHINE À BULLES. III° LE MOTIF SUR LA COUPE AU-DESSUS DE LA PRESSE et LE MOTIF SUR UN FLACON À GAUCHE DE LA MACHINE DE LUCIE. IV° LA VIS AU-DESSUS DU POSTER DE DRAGZ et LA VIS SOUS LA MANETTE SOUS LE BOUTON "ON-OFF". V° LE COIN DE LA BARRIÈRE À LA SORTIE DES FEUILLES DE LA PRESSE et L'ANGLE DU TUYAU D'ADMISSION PRÈS DE L'ALAMBIC À BULLES, À DROITE. - VI° LE "Z" DANS LE MOT "DRAGZ" SUR L'AFFICHE et LE PREMIER "Z" DE LA BULLE "ROONN ZZZZ ROONN". VII° LE STYLO DANS LA POCHE DE L'OUVRIER MÉTIS, SOUS ZOU, et UN COLLIER SUR UN TUYAU SOUS LA MAIN GAUCHE DE LUCIE !

Joan

TOUS LES SAMEDIS SOIR, LA PETITE LUCIE SORT DANS UN CLUB DIFFÉRENT. ASSOCIE CHAQUE LUCIE À L'UN DE CES CLUBS EN FONCTION DE SON LOOK...
THRASH & TERROR
SQUATT PUNK
TECHNODROME
Jazz Club
RAP ATTACK
FUNKY CITY
HALLOWEEN CAVE
Folk-Pub
REGGAE night
Rocky Banana's
GRUNGE attitude
1
2
3
4
5
6
7
8
9
10
11
JOAN 97

SOLUTIONS

① TECHNODROME - ② FOLK PUB - ③ ROCKY BANANA'S - ④ GRUNGE ATTITUDE - ⑤ SQUATT PUNK - ⑥ FUNKY CITY - ⑦ THRASH & TERROR - ⑧ REGGAE NIGHT - ⑨ JAZZ CLUB - ⑩ HALLOWEEN CAVE - ⑪ RAP ATTACK -

Inspecteur ZBU

Borrini & Omond

LA COURONNE DE LA REINE A DISPARU ENTRE 18H ET 20H ! C'EST MONSTRUEUX !
... ET LA VITRE N'EST MÊME PAS CASSÉE ! ... ÉTRANGE !
C'EST TRÈS SIMPLE AU CONTRAIRE, ON A UTILISÉ UN TRANSMUTATEUR IONISÉ À PARTICULES BI-FLUORÉES !
... ET JE NE VOIS QU'UN SEUL HOMME CAPABLE DE MAÎTRISER CETTE TECHNIQUE : K-PONE !
MAIS, K-PONE A QUITTÉ LE BANDITISME MAINTENANT, C'EST UNE PERSONNE RESPECTABLE !
C'EST CE QUE NOUS ALLONS VOIR ...
K-PONE, TU ES FAIT COMME UN RAT VÉNUSIEN !
DOÙ CALME, MON PETIT ZBOU ... TOU PARLES AU FOUTOUR MAIRE DE MARS-VILLE !
AH BON ?
VENEZ, AGENT B2, NOUS ALLONS FOUILLER LA MAISON !
QUOI ?! AUTANT CHERCHER UN ASTÉROÏDE DANS L'ESPACE INFINI !
2 HEURES APRÈS ...
PFF ! ON A FOUILLÉ DU GRENIER À LA CAVE ET RIEN ...
IL DOIT AVOIR UNE PLANQUE. ZUT !
VÉNUS CABERNET
KIT SPATIO TEMPOREL
TU NE PERDS RIEN POUR ATTENDRE, K-PONE !
TOU TÉ RENDS RIDICOULE CAR HIER À 19H JE PRÉSIDAIS OUNE BAL AU BÉNÉFICE DÉ L'ORPHÉLINAT ...
LÉ MAIRE, LÉ PREMIER MINISTRE ET MÊME LÉ CHEF DE LA POLICE PEUVENT MÉ SERVIR D'ALIBI. JÉ TÉ OU, ZBOU.
B2 ! PASSE-LUI LES MENOTTES CAR SON ALIBI EST BIDON !
BORRINI - OMOND
POURQUOI ZBOU EST-IL SI SÛR DE LOUI ? ...

SOLUTION : K-PONE S'EST TRAHI CAR ZBOU NE LUI AVAIT PAS DIT L'HEURE DU VOL. IL S'Y TROUVAIT EN MÊME TEMPS QU'AU BAL GRÂCE À SA MACHINE SPATIO-TEMPORELLE EN KIT DONT LE CARTON SE TROUVE À LA CAVE.

Joan

La Chirurgie Esthétique des Petits!

ATOIRE
VOICI UN TRUC POUR TRANSFORMER VOTRE VISAGE EN UN RIEN DE TEMPS TOUT EN RIGOLANT!
LUCIE
BINOCLARD
GROS NEZ
GRANDES OREILLES
CHEVELU.
SI VOUS RÉPONDEZ À L'UN DE CES CRITÈRES, VOUS FEREZ UN BON COBAYE!
LES 4 À LA FOIS, C'EST LE TOP!
LUCIE
PAS BESOIN DE MÉDECIN NI DE MATÉRIEL COMPLIQUÉ, UN BÊTE ROULEAU D'ADHÉSIF TRANSPARENT SUFFIRA.
LUCIE
POUR COMMENCER, SCOTCHE BIEN L'AMORCE DU ROULEAU ADHÉSIF SUR L'AVANT DE TON VISAGE...
SLIK
LUCIE
PUIS PASSE UN BRAS PAR-DESSUS TA TÊTE ET L'INDEX DANS LE TROU DU ROULEAU.
TOP DÉPART!
LUCIE
C'EST PARTI!!
DÉCRIS PLEIN DE CERCLES AUTOUR DE TA TÊTE SANS LÂCHER LE ROULEAU ET EN ÉVITANT DE SCOTCHER TES YEUX!..
ZIP
ZIP
ZIP
ZIP
ZIP
ZIP
LUCIE
ET HOP! TE VOILÀ MÉCONNAISSABLE!
TU PEUX MAINTENANT ALLER EFFRAYER TES PARENTS OU TES AMIS!
À MOI!
LUCIE
MOI AUSSI!
ENCORE UNE CHOSE! SOYEZ DÉLICATS EN ÔTANT L'ADHÉSIF...
ZIP!
ZIP ZIP!
ZIP
ZIP!
GNN
SURTOUT SI VOUS AVEZ UN GROS NEZ, DES LUNETTES, PLEIN DE CHEVEUX OU DE GRANDES OREILLES!
LUCIE
J'SENS PU RIEN...
J'VOIS PU RIEN!
ADIEU MES CHEVEUX!
HEIN? QUOI?
JOAN.

Inspecteur ZBU

Borrini & Omond

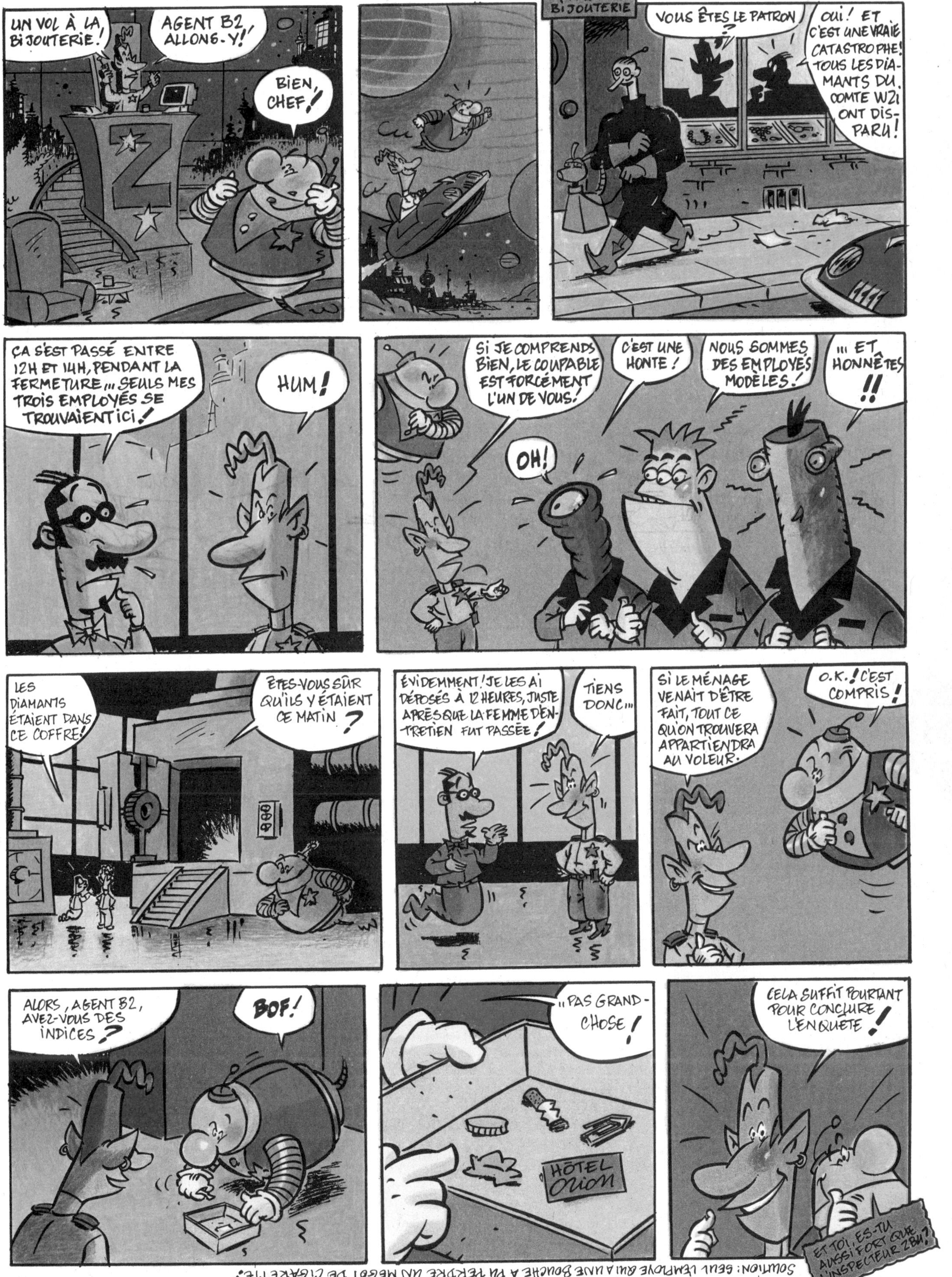
UN VOL À LA BIJOUTERIE!
AGENT B2, ALLONS-Y!
BIEN, CHEF!
À LA BIJOUTERIE
VOUS ÊTES LE PATRON?
OUI! ET C'EST UNE VRAIE CATASTROPHE! TOUS LES DIAMANTS DU COMTE WZI ONT DISPARU!
ÇA S'EST PASSÉ ENTRE 12H ET 14H, PENDANT LA FERMETURE... SEULS MES TROIS EMPLOYÉS SE TROUVAIENT ICI!
HUM!
SI JE COMPRENDS BIEN, LE COUPABLE EST FORCÉMENT L'UN DE VOUS!
C'EST UNE HONTE!
NOUS SOMMES DES EMPLOYÉS MODÈLES!
... ET HONNÊTES!!
OH!
LES DIAMANTS ÉTAIENT DANS CE COFFRE!
ÊTES-VOUS SÛR QU'ILS Y ÉTAIENT CE MATIN?
ÉVIDEMMENT! JE LES AI DÉPOSÉS À 12 HEURES, JUSTE APRÈS QUE LA FEMME D'ENTRETIEN FUT PASSÉE!
TIENS DONC...
SI LE MÉNAGE VENAIT D'ÊTRE FAIT, TOUT CE QU'ON TROUVERA APPARTIENDRA AU VOLEUR.
O.K.! C'EST COMPRIS!
ALORS, AGENT B2, AVEZ-VOUS DES INDICES?
BOF!
...PAS GRAND-CHOSE!
HÔTEL ORION
CELA SUFFIT POURTANT POUR CONCLURE L'ENQUÊTE!
ET TOI, ES-TU AUSSI FORT QUE L'INSPECTEUR ZBU?

SOLUTION: SEUL L'EMPLOYÉ QUI A UNE BOUCHE A PU PERDRE UN MÉGOT DE CIGARETTE!

Pic

LA COUPE DU MONDE DE FOOT !

PLOTCH !
«JE PEUX TOUT EXPLIQUER !» NOUS A CONFIÉ LE N°14.

ZZZZ

LE DOIGT POSÉ SUR LE CRAYON, BAISSEZ LA MAIN : LE CRAYON FILE EN AVANT ET LAISSE UNE TRACE ! C'EST AVEC CETTE TECHNIQUE QU'ON FAIT DES PASSES, QU'ON AVANCE ET QU'ON MARQUE DES BUTS !

TIREZ À **PILE OU FACE** L'ENGAGEMENT. EN PARTANT D'UN **JOUEUR**, ON PEUT JOUER LA BALLE **2 FOIS** DE SUITE, POUR FAIRE UNE **PASSE** OU **MARQUER**. (SAUF LE **GARDIEN** QUI N'A DROIT QU'À **1 COUP**.) POUR CONTINUER, IL FAUT QUE LE 2e COUP **TOUCHE** UN AUTRE DE VOS JOUEURS (PASSE RÉUSSIE). ALORS VOUS REPARTEZ DE CET AUTRE JOUEUR POUR 2 COUPS MAXI. SI VOTRE PASSE EST **RATÉE**, C'EST À L'ADVERSAIRE DE JOUER EN PARTANT DE LÀ OÙ LE **TRAIT** S'ARRÊTE ET EN ESSAYANT DE **PASSER** (OU DE MARQUER) EN **1 COUP**, CAR IL NE PART PAS D'UN **JOUEUR**.

PRENEZ LE **MINUTEUR** DE LA CUISINE POUR AVOIR UN **VÉRITABLE COUP DE SIFFLET FINAL** ! DURÉE D'UN **MATCH** : **7 minutes**.

ET MAINTENANT, UN TOUT PETIT **EXEMPLE** D'UNE **PHASE DE JEU** :

① CHOISI DE PASSER PAR L'AILE GAUCHE EN 2 COUPS...
② ... MAIS RATE SA PASSE !
③ TRÈS BONNE RÉCUPÉRATION ! (EN 1 COUP)
④ CONTRE-ATTAQUE PAR LE CENTRE. JOLIE PASSE...
⑤
SUPEEERBE REPRISE DE VOLÉE MAIS TIR INTERCEPTÉ PAR LE GARDIEN !!
ALLEZ L'OM

EH BIEN, MON CHER ZOU, CE TOURNOI EN DEUX MATCHES ALLER-R'TOUR COMMENCE !
JE PENSE QU'IL NOUS PROMET QUELQU'HEU... BONS MOMENTS !
HELÜU Ü... TOUT À FAIT, MON CHER PIC !
©PIC

HORIZONTALEMENT :

1. Légume ajouté aux oeufs pour une omelette forestière.
2. Autre nom du tournesol.
3. Telle une petite fille gentille, affectueuse.
4. Vêtements portés par les avocats au tribunal / Roulement de tambour.
5. Celui du chien est l'aboiement / Ils sont éjectables dans les avions de chasse.
6. Patrie d'Abraham, dans la Bible / C'est un gars qui n'a jamais de chance.
7. Nez populaires ou oiseaux passereaux / C'est plus qu'un copain.
8. Synonyme d'aven / On y dépose les bulletins de vote.
9. Canard au duvet très recherché / Dans les contes de fées, il mange les enfants.
10. Crie comme un cerf / Entêtées.

VERTICALEMENT :

1. Il prépare et vend des pâtés, des saucissons, des jambons,...
2. Ecoulement de sang.
3. Bonne raison permettant d'innocenter un présumé coupable / Telle une épreuve très pénible.
4. Ses larves rongent les étoffes / Ficelée.
5. Son squelette est souvent formé d'arêtes / Symbole chimique du rubidium.
6. Allez en latin / Provenant.
7. Trompée / Renvoi pour digérer.
8. A nous / Bâtiment de ferme pour abriter la récolte.
9. Qui a subi une intervention chirurgicale / Maman.
10. Venu au monde / Ni debout, ni couchées.

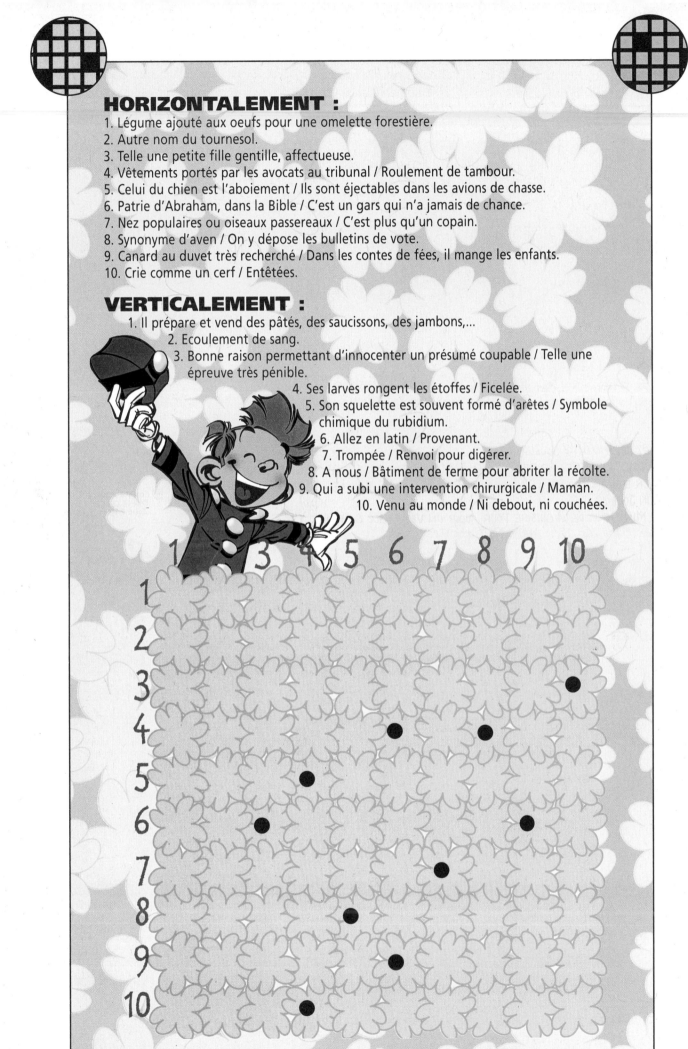

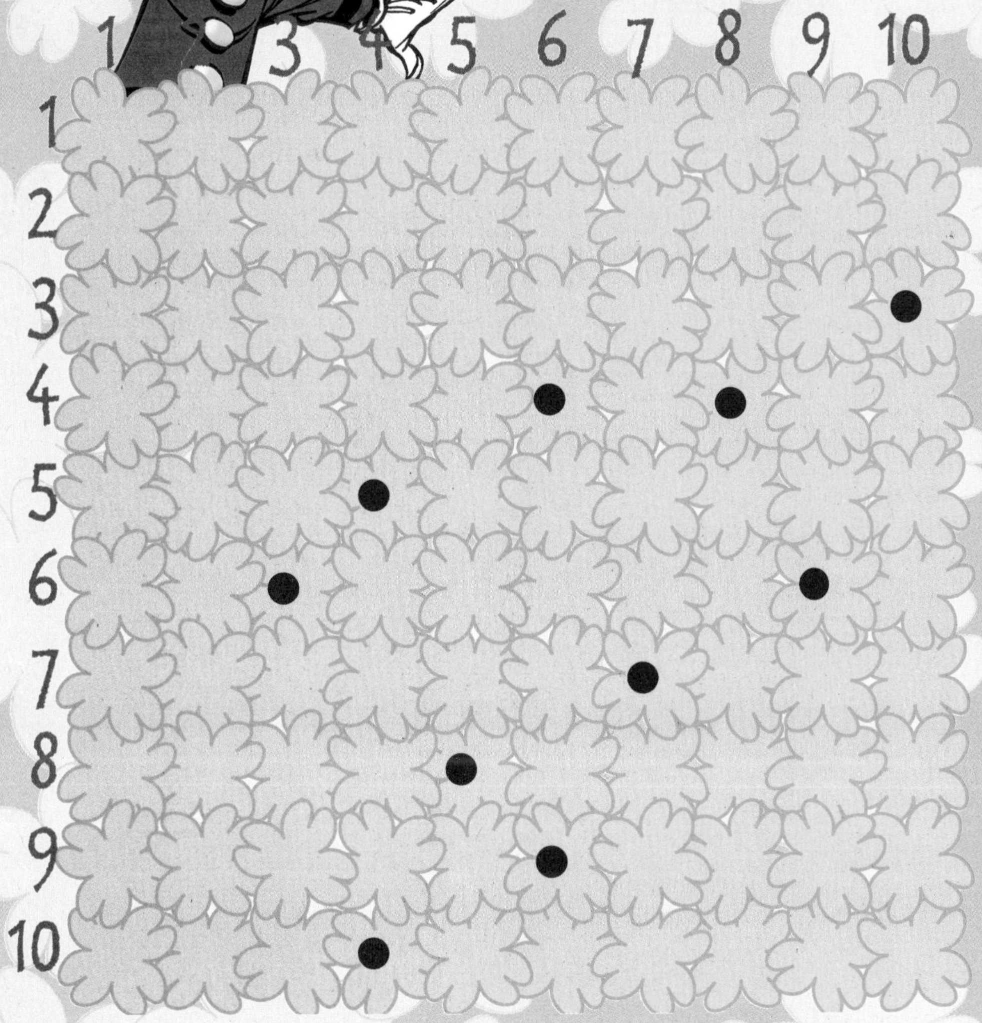

1 2 3 4 5 6 7 8 9 10
1 2 3 4 5 6 7 8 9 10

Jeux d'enfer

Stuf & Janry

HOLÀ! MON VIEUX, J'EN VOIS PASSER!
J'TE DIS PAS.
PARA ACCU
HIER PAR EXEMPLE, UN CHEVELU S'AMÈNE, JE LUI POSE UNE QUESTION FACILE:
1
A quel hippie appartient ce cheveu inconvenant ?
?
1
2
3
...IL SE GRATTE LE CRÂNE AVEC INSISTANCE: IL AVAIT UN ÉMETTEUR SOUS LA PERRUQUE! UN TYPE DE L'AUTRE CÔTÉ LUI SOUFFLAIT LES RÉPONSES!
HA!
LUNDI, UN AUTRE GARS S'AMÈNE... LE GENRE TRUAND PAS COMMODE...
JE LUI DONNE UN JEU SIMPLE:
2
A quel cadavre correspond la photo de gauche ?
A
B
C
D
E
...PAS DE RÉPONSE! JE LE VIRE ET LUI ME SORT UN REVOLVER! ...DE QUOI BUTER UN ÉLÉPHANT!
OUAH!
TIENS! L'AUTRE JOUR! JE VOIS VENIR UNE ESPÈCE DE PIN-UP...
ET JE LUI DEMANDE SIMPLEMENT:
3
Pouvez-vous reconstituer ces couples célèbres en restituant à chaque individu son partenaire originel ?
Roméo
Jane
Fantasio
Charles
Gaston
Iseult
Tristan
Cléopâtre
Pénélope
M.zelle Jeanne
César
Daisy
Donald
Ulysse
Tarzan
Spirou
Lady-Di
Juliette
ELLE SE JETTE SUR MOI EN M'EMBRASSANT GOULÛMENT LA MOUSTACHE ET ME DEMANDE SI CE GENRE DE RÉPONSE ME CONVIENT!
...DISANT QU'ELLE A TOUJOURS PRÉFÉRÉ LES GRANDS BARBUS VIRILS!
HA! HA!
OUAF!
ET J'VOUS PARLE PAS DES RESQUILLEURS...
OUAH-AH!
QUEL FARCEUR CE ST PIERRE!
PARAD ACCUEI
PLOP!
10.

1 : Le troisième. — 2. D. — 3. Roméo & Juliette ; Tarzan & Jane ; Charles & Lady Di ; Gaston & Mlle Jeanne ; Tristan & Iseult ; César & Cléopâtre ; Ulysse & Pénélope ; Donald & Daisy ; Spirou & Fantasio.

Des Jeux pour jouer avec Pic & Zou

Pic

19.
AUJOURD'HUI, J'AI TANT D'ÉNERGIE QUE JE POURRAIS FAIRE PASSER DE L'ÉLECTRICITÉ DANS DES ALLUMETTES...
TIENS ! REGARDE !
ZZOMB'
Et voilà !
ON R'COMMENCE..
FLUX VARIABLE :
STOP !
...ET ALLEZ !
ZZOMMBB'
MAA GIIIE
EN FAIT, LES ALLUMETTES SONT SATURÉES D'ÉLECTRICITÉ STATIQUE.
MAAHRHR GIIIE
AUTRE EXPÉRIENCE ! TENEZ UNE ALLUMETTE COMME CECI :
BIEN EN APPUI SUR L'ONGLE.
POSEZ EN ÉQUILIBRE UNE 2e ALLUMETTE SUR CELLE QUE VOUS TENEZ HORIZONTALE ET LE REBORD D'UNE TABLE, OU UNE BOÎTE (OU N'IMPORTE QUOI DE FIXE) -
SOUDAIN ! SANS QUE RIEN NE BOUGE, L'ALLUMETTE SAUTE COMME UNE DINGUE DANS UN PETIT CLAQUEMENT SEC !!!
TIC
CLIC
CLIC
MAAHR GI...
PAF
PAS DU TOUT !
OUCH !
1er TOUR :
COUPEZ 15 m/m DU CONDUIT D'ENCRE D'UN STYLO-BILLE, - UN BOUT DE GAINE DE FIL ÉLECTRIQUE FERAIT AUSSI L'AFFAIRE. TENEZ CE MONTAGE COMME SUR LES DESSINS. EN DESSERRANT LES DOIGTS, LES DEUX ALLUMETTES S'ÉCARTENT TOUTES SEULES ! FAITES DISCRÈTEMENT L'ÉCHANGE AVEC 2 ALLUMETTES NORMALES DANS VOTRE POCHE -
2e TOUR :
SERREZ BIEN L'ALLUMETTE ENTRE LE POUCE ET L'INDEX CONTRE L'ONGLE, ET RAMENEZ-LA VERS VOUS : ELLE VA AVANCER PAR SACCADES EN RÉSISTANT SUR L'ONGLE - CETTE RÉSISTANCE ET CES SACCADES VONT PROVOQUER LES PETITS «CLIC !» ET LES ÉTONNANTS SURSAUTS DE LA 2e ALLUMETTE POSÉE EN ÉQUILIBRE, TOUT À FAIT COMPARABLES AUX BRUITS ET AUX EFFETS D'UNE DÉCHARGE D'ÉLECTRICITÉ STATIQUE MAGIQUE.

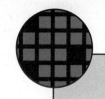

P	L	A	N	C	H	I	S	T	E
L	A	Q	U	A	I	S	•	O	S
A	N	U	S	•	P	S	O	A	S
I	C	I	•	E	P	U	I	S	E
S	A	F	A	R	I	•	S	T	•
A	G	E	N	E	S	I	E	•	P
N	E	R	E	•	M	U	L	T	I
T	•	E	M	M	E	L	E	E	S
E	T	•	I	O	•	E	T	A	T
R	A	R	E	T	E	S	•	M	E

GLORIA

O	R	D	I	N	A	T	E	U	R
R	O	I	T	E	L	E	T	•	E
D	U	R	E	T	E	•	U	N	S
O	T	E	R	•	S	C	I	E	S
N	I	•	A	L	E	A	•	V	U
N	E	T	T	E	•	N	E	E	S
A	R	R	I	V	E	E	S	•	C
N	•	A	V	A	L	•	S	O	I
C	I	M	E	•	O	T	A	N	T
E	L	A	S	T	I	C	I	T	E

C	H	A	M	P	I	G	N	O	N
H	E	L	I	O	T	R	O	P	E
A	M	I	T	I	E	U	S	E	•
R	O	B	E	S	•	G	•	R	A
C	R	I	•	S	I	E	G	E	S
U	R	•	L	O	S	E	R	•	S
T	A	R	I	N	S	•	A	M	I
I	G	U	E	•	U	R	N	E	S
E	I	D	E	R	•	O	G	R	E
R	E	E	•	B	U	T	E	E	S

CASTAR
CONTRE
L'ALBINOS
CE SOIR-LÀ, LE COMMISSAIRE AVAIT ENVOYÉ L'INSPECTEUR CASTAR VÉRIFIER UNE INFORMATION DE TITI-LE-TUYAUTEUR QUI AFFIRMAIT QU'UN APPARTEMENT DU PLUS HAUT IMMEUBLE DE LA VILLE ...
...CACHAIT UN DÉPÔT D'ARMES CLANDESTIN.
LA PORTE, GAMIN ! TIENS LA PORTE !
!?
OUPS !
TCHGZ !
ET ALORS ?! ... TU AURAIS VOULU QUE CET ASCENSEUR MONTE SANS MOI, N'EST-CE-PAS ? SALE PETIT GARNEMENT !
MAIS ?!...
VOUS, LES ENFANTS, VOUS ÊTES TOUS LES MÊMES ! TOUS DES ÉGOÏSTES, DES PETITS FACHOS !
IL SUFFIT DE VOUS VOIR DANS LES COURS DE RÉCRÉATION : ÇA N'EST QUE BAGARRES ET HUMILIATIONS !
...EUH ...
VOUS N'ÊTES QUE DES MONSTRES !
CE N'EST QU'EN DEVENANT ADULTES QUE VOUS ACQUÉREZ UN PEU D'HUMANITÉ !
TCHGZ !
GROSSE VIEILLE TOUPIE !
PRRRT !

AH, LUDO !... ÇA C'EST BIEN PASSÉ À L'ÉCOLE ?
J'SUIS ENCORE MONTÉ AVEC LA VIEILLE TOUPIE
ELLE T'A ENGUIRLANDÉ ?
POURQUOI ELLE FAIT ÇA ?
UN JOUR, ELLE A MÊME TRAITÉ DAVID DE PETIT SINGE À POIL NOIR !
CASTAR
C'EST UNE VIEILLE FEMME QUI VIT SEULE, LUDO ...
TU SAIS, PARFOIS LA VIE EST DURE AVEC CERTAINES PERSONNES... AVEC L'ÂGE, ELLES DEVIENNENT ALORS AMÈRES ET EN VEULENT À TOUT LE MONDE ...
CASTAR
TU AS DES DEVOIRS ?
NON. DEMAIN Y A THÉÂTRE.
JE POURRAIS L'ENFONCER, MAIS IL EST SANS DOUTE PRÉFÉRABLE D'ENTRER EN DOUCEUR...
571
POLICE
ET HOP ! CECI VAUT N'IMPORTE QUELLE CLÉ !
EH, M'MAN ! C'EST PAS AUJOURD'HUI QUE DAVID VIENT CHEZ SON PÈRE ?
CASTAR

TU DOIS LE SAVOIR MIEUX QUE MOI.
J'PENSE BIEN QUE C'EST AUJOURD'HUI JE VAIS VOIR.
TOC! TOC!
BONJOUR M'SIEUR! DAVID EST LÀ ?
OUI, LUDOVIC, ENTRE... IL EST DANS SA CHAMBRE.
'JOUR MADAME.
ÇA VA, LUDO ?
CASTAR
BEN DIS DONC, TA MÈRE EST RESTÉE, CETTE FOIS ?...
BEN OUI... J'SAIS PAS C'QUI SE PASSE...
KWÂK KWAK!
KWÂK!
...DEPUIS QU'Y SONT DIVORCÉS, MES PARENTS, ON DIRAIT QU'Y S'AIMENT MIEUX.
REGARDE! J'AI UNE NOUVELLE BÉDÉ! TU CONNAIS, L'INSPECTEUR CASTAR?

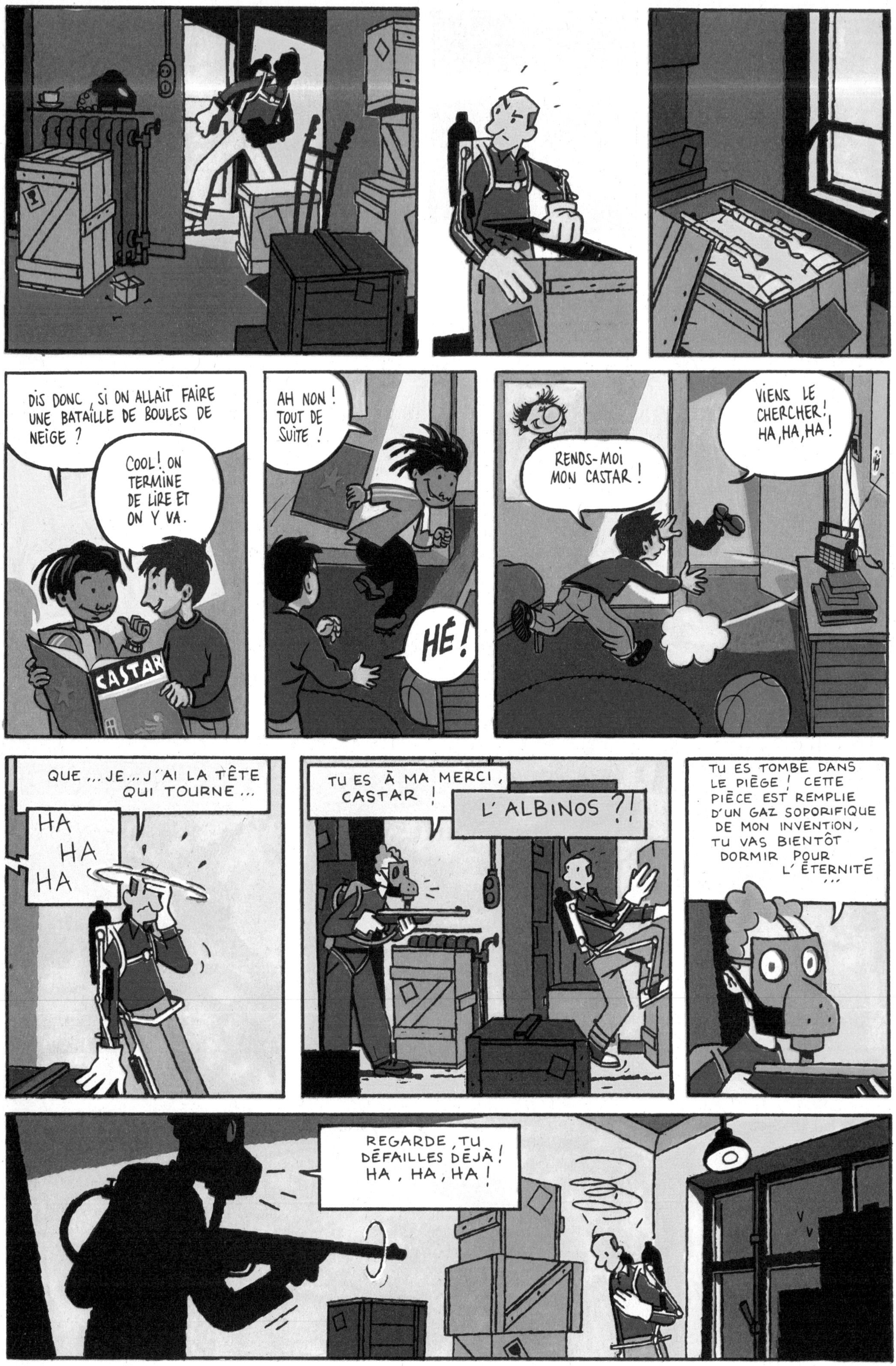
DIS DONC, SI ON ALLAIT FAIRE UNE BATAILLE DE BOULES DE NEIGE ?
COOL! ON TERMINE DE LIRE ET ON Y VA.
CASTAR
AH NON ! TOUT DE SUITE !
HÉ !
RENDS-MOI MON CASTAR !
VIENS LE CHERCHER ! HA, HA, HA !
QUE ... JE ... J'AI LA TÊTE QUI TOURNE ...
HA HA HA
TU ES À MA MERCI, CASTAR !
L'ALBINOS ?!
TU ES TOMBÉ DANS LE PIÈGE ! CETTE PIÈCE EST REMPLIE D'UN GAZ SOPORIFIQUE DE MON INVENTION, TU VAS BIENTÔT DORMIR POUR L'ÉTERNITÉ ...
REGARDE, TU DÉFAILLES DÉJÀ ! HA, HA, HA !

ATTENDS, TU VAS VOIR !
RATÉ !
HAAAAA !
AUTANT QUE CELA FÛT POSSIBLE, L'INSPECTEUR CASTAR S'EFFORÇAIT DE RESTER CONSCIENT...
TU ES FOUTU, CASTAR !
IL PLIA LÉGÈREMENT LES GENOUX ET, DANS UNE TENTATIVE DÉSESPÉRÉE...

... IL FIT UN BOND EXTRAORDINAIRE EN ARRIÈRE !
KLIINK
CASTAR
CASTAR !
IL DÉCHARGEA SON ARME.
PAW PAW
ET AUSSITÔT, LE GAZ S'ENFLAMMA, EMBRASANT TOUT L'APPARTEMENT !
HO, NON ! ...
IL EST ...
... SUR LE BALCON DE LA VIEILLE TOUPIE !

ELLE VA SÛREMENT NOUS ENGUEULER.
TOC TOC TOC !
TOC TOC !
Y A PERSONNE.
PFFF ! JE SUIS DÉSOLÉ, LUDO...
ATTENDS, JE SAIS COMMENT OUVRIR UNE PORTE SANS CLEF ! RESTE LÀ ! J'ARRIVE...
C'EST DANS CE TIROIR QUE PAPA RANGE SA PLAQUE DE POLICIER...
C'EST TOI, LUDOVIC ?
JE SUIS JUSTE VENU CHERCHER UN TRUC, M'MAN !
POLICE
P
REGARDE ! ÇA VAUT N'IMPORTE QUELLE CLEF !
TU LE PLIÉS UN PEU...
CLAC !
ET VOILÀ !...
WOUAH ! C'EST TON PÈRE QUI T'AS APPRIS ÇA ?
C'EST COOL, HEIN ?...

ATTENTION ! ELLE... ELLE EST LÀ !!
ELLE DORT ? ... OU BIEN ... ELLE ...
... VAURIENS ! ... SALOPARDS ! ...
ELLE DORT ..., ELLE... ELLE PARLE EN DORMANT...
EH, LUDO ! REGARDE ÇA ...

C'EST ELLE ! LA VIEILLE TOUPIE ... AVEC DES CLASSES D'ENFANTS !
C'ÉTAIT UNE PROF !?
IL A DÛ LUI EN ARRIVER DES TRUCS POUR QU'ELLE DEVIENNE COMME ÇA, MAINTENANT...
J'AI GROSSI ET J'AI VIEILLI, TOUT SIMPLEMENT !
COMMENT ÊTES-VOUS ENTRÉS ?
EUH ... PAR LA PORTE,... JE ...
MAIS ON S'EN VA TOUT DE SUITE, VOUS SAVEZ...
POURQUOI ? JE VOUS FAIS PEUR ?
OUI ... ENFIN, NON ... JE VEUX DIRE...
JE SUIS LAIDE, C'EST ÇA ? VOUS NE M'AIMEZ PAS PARCE QUE JE SUIS GROSSE ET VIEILLE, HEIN ?
C'EST PLUS FACILE DE SE MOQUER DE MOI ...
ON NE VOUS AIME PAS PARCE QUE VOUS CRIEZ TOUT LE TEMPS SUR NOUS !
C'EST NORMAL QUE JE CRIE !
AVANT, J'ÉTAIS LA PRÉFÉRÉE DES PROFS, MES ÉLÈVES M'ADORAIENT. PUIS J'AI ÉTÉ MALADE ET JE SUIS DEVENU COMME ÇA ... MONSTRUEUSE !
..., J'AI PERDU MON TRAVAIL ET J'AI VIEILLI TOUTE SEULE ...
ET SI JE NE CRIAIS PAS, VOUS NE SAURIEZ MÊME PAS QUE J'EXISTE, ... LES GENS COMME MOI, ON PRÉFÈRE LES OUBLIER !
HEU... V... VOUS POURRIEZ SOURIRE...

SOURIRE ?!
B... B... BEN OUI... SOURIRE AUX GENS...
AVEC LA BOUCHE ...
REGARDEZ ! VOUS LISEZ DES BANDES DESSINÉES ?
CASTAR
JE CROIS QUE JE N'AI PLUS OUVERT DE LIVRE DEPUIS ...
VENEZ ! ON VA LA LIRE ENSEMBLE. ÇA C'EST UN TRUC QUI MET DE BONNE HUMEUR !
SOURIRE...
BIGRE, POURVU QUE CE FICHU MULTIPLICATEUR TIENNE LE COUP !
BOING
HA, HA! OUI ÇA MARCHE, CET ENGIN EST FORMIDABLE !
OH NON ! LA VOITURE !
SKROONK !
MA VOITURE ! MA VOITURE !
HEM... HEM... BONSOIR, COMMISSAIRE...
HA HA HA HA HA HA HA HA HA HA HA! HA HA HA
CASTAR
fin
Lapière Bailly

Les Crannibales

Fournier & Zidrou

La vérité, SOB! c'est que je n'ai pas vu venir les années et leur cortège de rides et de bourrelets.
Il est loin le temps où, à l'instar de notre Betty, je remplissais les frigidaires de mes conquêtes. À présent, SNIF! les frigidaires, je les vide!
Une petite folie par-ci, un petit excès par-là et, un matin, votre miroir n'en croit pas son reflet!
Bouhouhou! Je suis devenue grosse!
Mais non! Mais non!
Disons que tu es... euh... généreuse. Voilà, c'est le mot que je cherchais: tu es généreuse.
Tu... tu ne me dis pas ça pour me faire plaisir?
Smutch!
Monte te coucher, à présent.
Bonne nuit, ma Mireille à moi!
Bonne nuit, mon Gilbert à moi!
CRAC
?
Bouhouhou! Je suis devenue grosse!
Mais non!
Agnnnn!
Mais non!
FOURNIER - ZIDROU

Les Crannibales

Fournier & Zidrou

C'est vraiment très aimable à vous de me prodiguer les premiers soins, Madame.
Humpf!
Voyez-vous, j'ai été déporté par une brusque bourrasque de vent! J'espère ne pas avoir trop endommagé votre massif de rosiers
Maman! Maman! Regarde ce que j'ai trouvé!
Petit! Petit!
Hoooo! Comme il est mimi!
Piou! Piou!
Gniark! Gniark!
Piou! Piou!
Popol! Combien de fois faudra-t-il te dire qu'il ne faut...
... jamais faire de mal à un petit être sans défense!?!
Ouch!
Va plutôt chercher une boîte à chaussures vide et tapisse-la d'ouate.
Déposes-y délicatement ce pauvre oisillon!
PLOUK

Très bien ! À présent, prends de la mie de pain et trempe-la dans du lait. Ton petit protégé doit être affamé.
Piou ! Piou !
Prends un coton-tige pour le nourrir afin de ne pas blesser son petit gosier !
Garglups !
Parfait ! Le mieux à faire, maintenant, est de le laisser reprendre des forces.
Piou ! Burps !
Place la boîte près d'une source de chaleur.
Piou ! Piou ! Piou ! Piou !
?
Bien essayé, bidasse !
Tonk
Mais on a dit : "un petit être sans défense !"
Regarde, Maman ! Le petit zoziau a déjà repris des couleurs !
Retiens bien la leçon, Popol : dans ce monde de brutes, la tendresse est la meilleure arme.
cui ! cui !

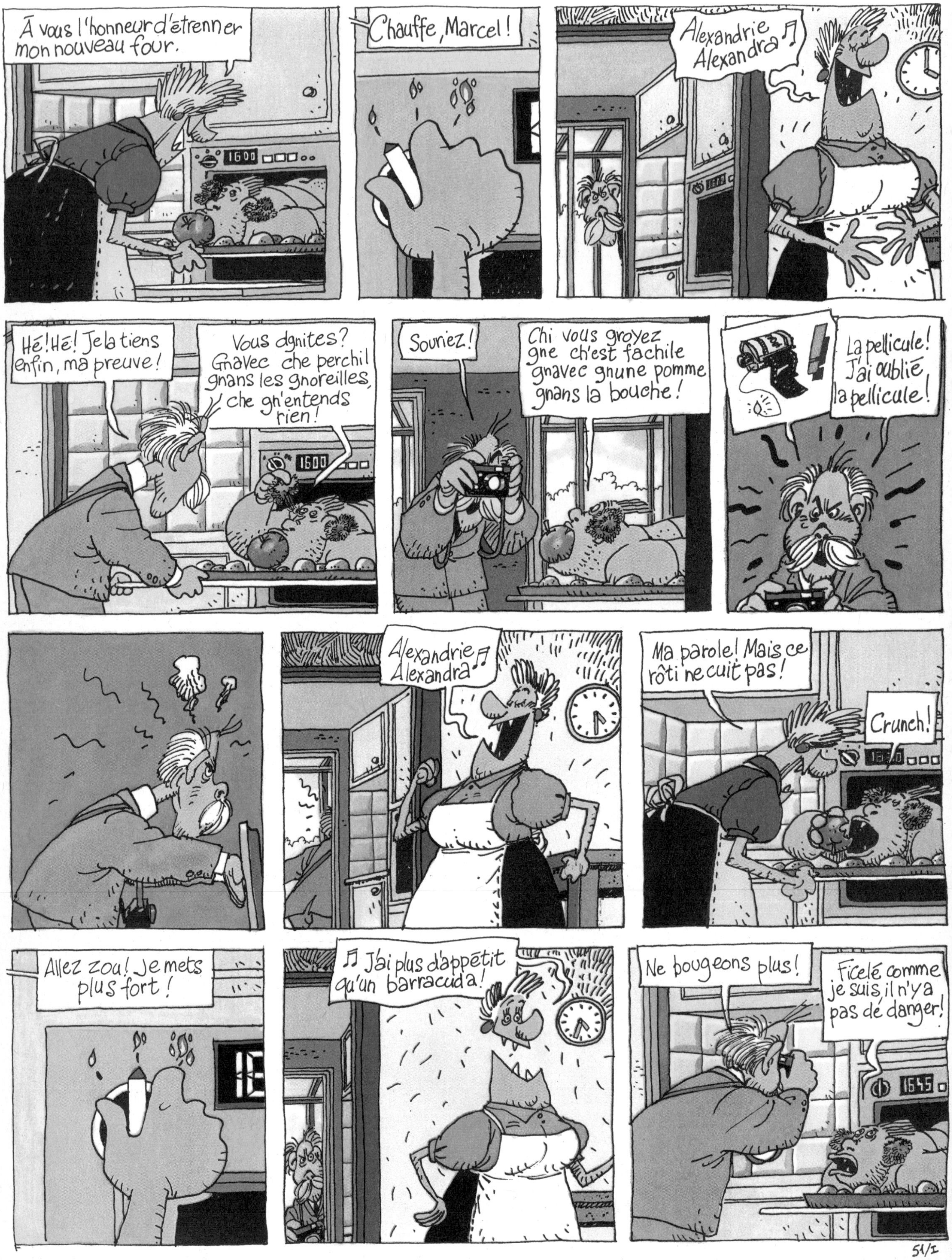
À vous l'honneur d'étrenner mon nouveau four.
Chauffe, Marcel!
Alexandrie Alexandra ♫
Hé! Hé! Je la tiens enfin, ma preuve!
Vous dgnites? Gnavec che perchil gnans les gnoreilles, che gn'entends rien!
Souriez!
Chi vous groyez gne ch'est fachile gnavec gnune pomme gnans la bouche!
La pellicule! J'ai oublié la pellicule!
Alexandrie Alexandra ♫
Ma parole! Mais ce rôti ne cuit pas!
Crunch!
Allez zou! Je mets plus fort!
♫ J'ai plus d'appétit qu'un barracuda!
Ne bougeons plus!
Ficelé comme je suis, il n'y a pas de danger!

de
Le flash! J'ai oublié le flash!
Alexandrie! Alexandra!
!?!
Vous n'auriez pas un peu de lecture?
Ne tergiversons pas: position fournaise des damnés!
Je te mangerai crue si tu ne me retiens pas!
Je n'ai pas trop de sauce tomate dans les cheveux?
Les piles sont à plat!
Alexandrie, Alexandra!
!?!
Atchoum!
Zut! J'ai attrapé un chaud et froid!
Et moi je vous dis que votre four, c'est de la camelote! 5 heures que mon rôti cuit et c'est à peine s'il est tiède!
Laisse, chérie, tu vois bien que monsieur brûle d'impatience d'essayer lui-même ce four.
Pourtant, tout a l'air parfaitement en ordre!

FOURNIER - ZIDROU 51/II

Les Crannibales

Fournier & Zidrou

Alors, beauté farouche, vers quels lointains horizons dois-je vous mener ?
Sur l'aire de repos, là, à 50 mètres !
Ho! Ho! Petite coquine ! Auriez-vous une idée derrière la tête ?
Le repas est avancé !
?!?
Déjà ?!
Tu as été drôlement rapide !
Pfff! Avec la circulation qu'il y a sur cette route, elle n'a pas eu grand mérite.
Dis tout de suite que n'importe qui aurait pu en faire autant !
Parfaitement !
Et je le prouve !
Maman, voyons !
N'insiste pas, Mireille !
Et moi je dis qu'il n'y a pas de raison que ça marche avec Betty et pas avec moi !

FOURNIER - ZIDROU.

JE DOIS ARRIVER A' FAIRE APPARAÎTRE LES FORCES SUPÉRIEURES DES SEPT CERCLES ! IL LE FAUT !
Ô PUISSANCES OCCULTES ! Ô FORCES DES TÉNÈBRES INFERNALES !
MOI, MÉLUSINE, JE VOUS INVOQUE ! VENEZ A' MON AIDE !
OBÉISSEZ-MOI ! APPARAISSEZ
OUI ! OUI!!!!
RHAA... TCHOUF ! THEU...
ENCORE RATÉ ! BEUHEU ! JE SUIS UNE SORCIÈRE A' LA MANQUE, JUSTE BONNE A' FAIRE UN PEU DE FUMÉE ! TANTE ADRAZEL-LE VA M'ARRACHER LES YEUX !...
PUFF
ET PUIS NON ! JE CONTINUE ! SOUFRE D'HOULEUR, BAVE DE ROUGE-GORGE CARNIVORE, BICARBO-NATE DE SOUDE, ...
AH?
AH?
BLORB !
BLB !
AH?

ABRA-CADA-BRA !
ET PUIS FLÛTE ! J'Y FLANQUE N'IMPORTE QUOI ET JE M'EN SERS POUR DÉRATISER LES DOUVES !
TANTE ADRAZELLE VA M'ARRACHER LES YEUX...
PAF
PIT
PETT
?!
C'EST QUOI, TOUT CE BOUCAN ?!
MAIS !... MAIS ? DANS QUOI M'AS-TU DONC PLONGÉ ?
JE N'ÉTAIS QU'UN SIMPLE FOND D'ESPRIT-DE-VIN... MAIS LÀ, JE ME SENS PUISSANT... SI PUISSANT...

TIENS, REGARDE ! VENEZ À MOI, PUISSANCES OCCULTES ! HA ! HA ! HA !
ET TOUT CELA GRÂCE À TOI !... ORDONNE ET JE T'EXAUCERAI ! MA PUISSANCE EST DÉSORMAIS À TES PIEDS...
VRAI ?
BON.
ALORS, AIDE-MOI À RETROUVER LES BOUCLES D'OREILLE QUE J'AI PERDUES ! IMPOSSIBLE DE REMETTRE LA MAIN DESSUS ! C'EST UN CADEAU DE MA TANTE ADRAZELLE...
... ET SI JE NE LES RETROUVE PAS, ELLE VA M'ARRACHER LES YEUX !
GILSON • CLARKE • CERISE

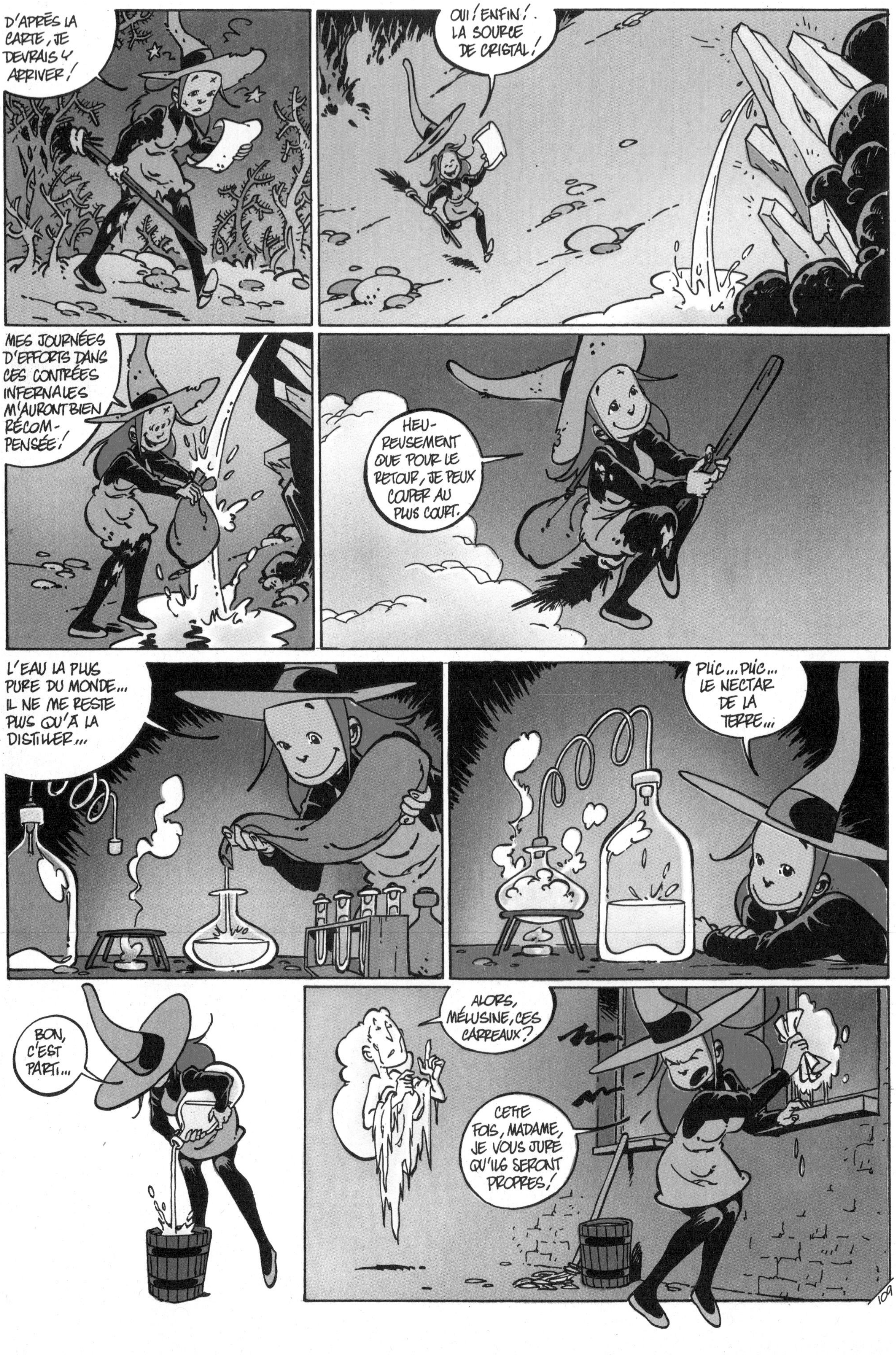

D'APRÈS LA CARTE, JE DEVRAIS Y ARRIVER !
OUI ! ENFIN ! LA SOURCE DE CRISTAL !
MES JOURNÉES D'EFFORTS DANS CES CONTRÉES INFERNALES M'AURONT BIEN RÉCOMPENSÉE !
HEU-REUSEMENT QUE POUR LE RETOUR, JE PEUX COUPER AU PLUS COURT.
L'EAU LA PLUS PURE DU MONDE... IL NE ME RESTE PLUS QU'À LA DISTILLER...
PLIC... PLIC... LE NECTAR DE LA TERRE...
BON, C'EST PARTI...
ALORS, MÉLUSINE, CES CARREAUX ?
CETTE FOIS, MADAME, JE VOUS JURE QU'ILS SERONT PROPRES !

BOUF!
OUH... LA! LÀÀÀ!...
JE N'EN PEUX PLUS. JE NE SERAI JAMAIS PRÊTE POUR MON EXAMEN EN SUJET LIBRE!
CAFÉ.
REPRENONS.
SNFFFFF
OUAAA AAAHIR
ZZZZZUT! ... VAIS PRENDRE L'AIR...
GRON?
?
?
Z ZZZZ ZZZ

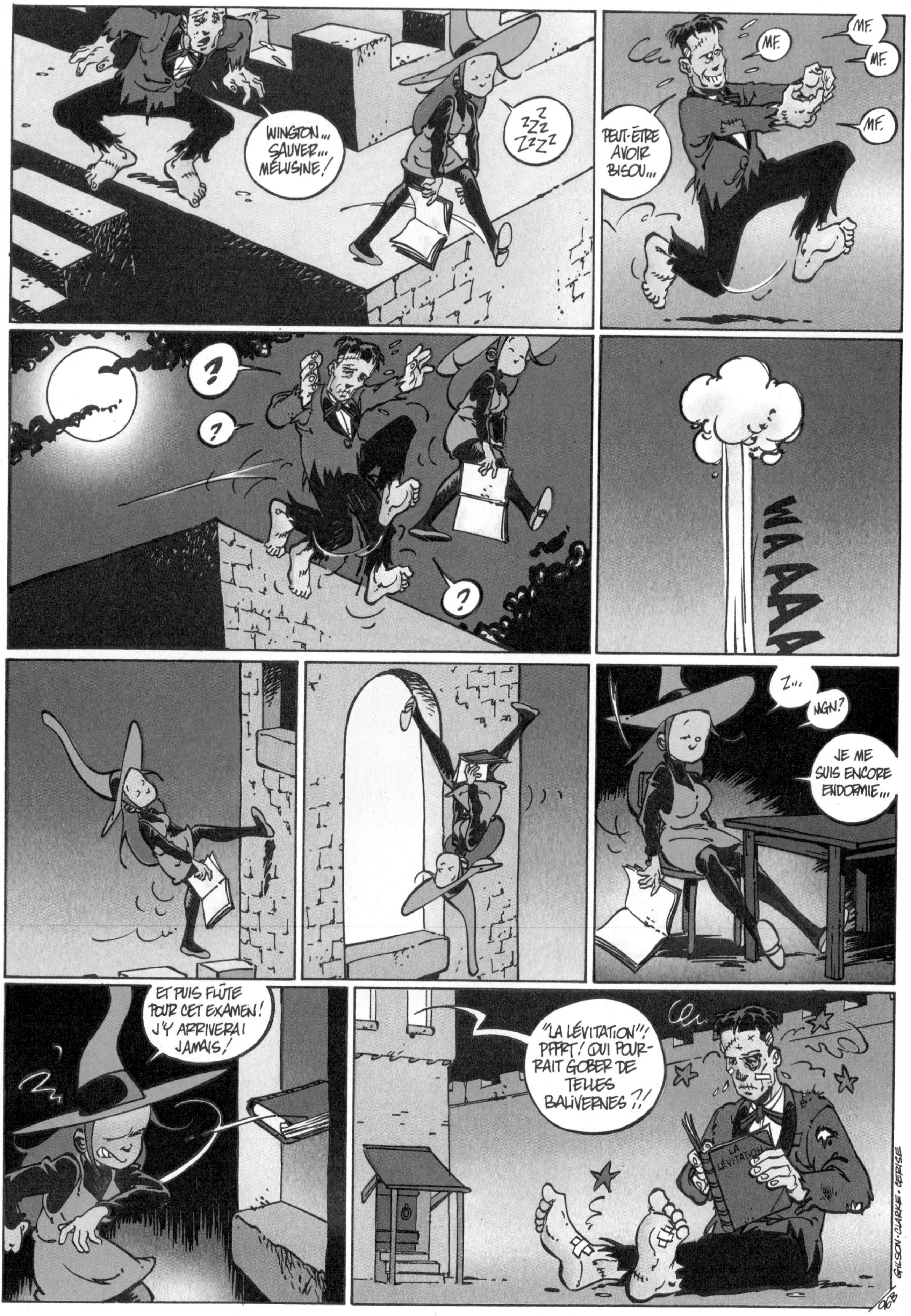
WINGTON... SAUVER... MÉLUSINE!
ZZZ ZZZZ
PEUT-ÊTRE AVOIR BISOU...
MF.
MF.
MF.
MF.
?
?
?
WAAAAA
Z...
MGN?
JE ME SUIS ENCORE ENDORMIE...
ET PUIS FLÛTE POUR CET EXAMEN! J'Y ARRIVERAI JAMAIS!
"LA LÉVITATION"! PFFRT! QUI POURRAIT GOBER DE TELLES BALIVERNES?!
LA LÉVITATION
GILSON·CLARKE·CERISE
963

CETTE POUDRE EST MON DERNIER INGRÉDIENT, MA TANTE...
À QUOI TU JOUES ENCORE, MÉLUSINE?
VIENS VOIR DANS LA CAVE.
JE SUIS SUR UNE EXPÉRIENCE QUI VA FAIRE DU BRUIT...
AU-DELÀ DES PUISSANCES OCCULTES, IL Y A LES ÊTRES SUPÉRIEURS! ET JE VAIS RÉUSSIR À ENTRER EN CONTACT AVEC EUX!
ET C'EST QUOI, CETTE POUDRE?!
PETZ
PUTT
POUDRE D'ESCAMPETTE!
NON, PAS DU T... GLP!
WHAM
MA... MA TOUR!
LAISSE TOMBER LES ÊTRES SUPÉRIEURS ET CONTACTE PLUTÔT UN MAÇON!
explorateur à base: Je crois que nous avons une tentative de contact!

Le Petit Spirou

Tome & Janry

POT
CASSE
BOUF
CLAP!
NOUS DISIONS DONC : " BIEN DÉGAGÉ SUR LES OREILLES ! "
MICKEY
TOME · JANRY
ASS. GAZZO
73

Le Petit Spirou

Tome & Janry

HOP...
HOP...
HOP...
THEU
THH...
!
HOP! HOP! HOP! HOP! HOP!
MAIS ! C'EST MONSIEUR MÉGOT, LE SÉDUISANT PROF DE GYM DE NOS CHERS ENFANTS ! QUEL HEUREUX HASARD !
!
HÉ HÉHÉÉÉÉ... RAVI, CHÈRE MÉDÈME ... HEM, QUE PUIS-JE POUR VOTREUHEUR M... DÉLICIEUSE PERSONNE ?
OH... TROIS FOIS RIEN POUR UN HOMME TEL QUE VOUS ... Hi Hi Hi !
KRAK
MON FILS, LE PETIT SPIROU DEVRA ÊTRE DISPENSÉ DE GYM. IL A FAIT UNE MAUVAISE CHUTE...
(ET SON COPAIN VERTIGNASSE AUSSI !)
... ET MON COPAIN AUSSI...
HEU
VOILÀ BIEN DU SOUCI... LE CHAGRIN NE SIED PAS À UN SI JOLI VISAGE.
SI JE POUVAIS VOUS OFFRIR QUELQUE RÉCONFORT ... HEU...
?
OSERAIS-JE ?
GRAND DIEU ! PARDONNEZ LA FOUGUE D'UN COEUR SOLITAIRE MAIS ...
?
...J'OSE !
?
SCHLORK
JE TE RAPPELLE QUE LE DÉGUISEMENT, C'ÉTAIT TON IDÉE ET...
VA MOURIR, COYOTE !
ASS. GAZZO
TOME & JANRY
43

Le Petit Spirou

Tome & Janry

GLABEGLL
BU
FLIGL
GABOUH
GAAH
PRIL
PRIL
PRL
BLOU!
BLOUG!
GHH
NA!
GLAAAH?
GLLB
GABLFLA
FLAAAAH?
GAAAAA!
GOU
CLAP
... JUSTE UNE ÉGRATIGNURE! MAIS AUJOURD'HUI ENCORE, JE M'EN SOUVIENS COMME SI C'ÉTAIT HIER!
BEN, MON VIEUX!
DUR!
TOME. JANRY
ASS. GAZZO
56

Le Petit Spirou

Tome & Janry

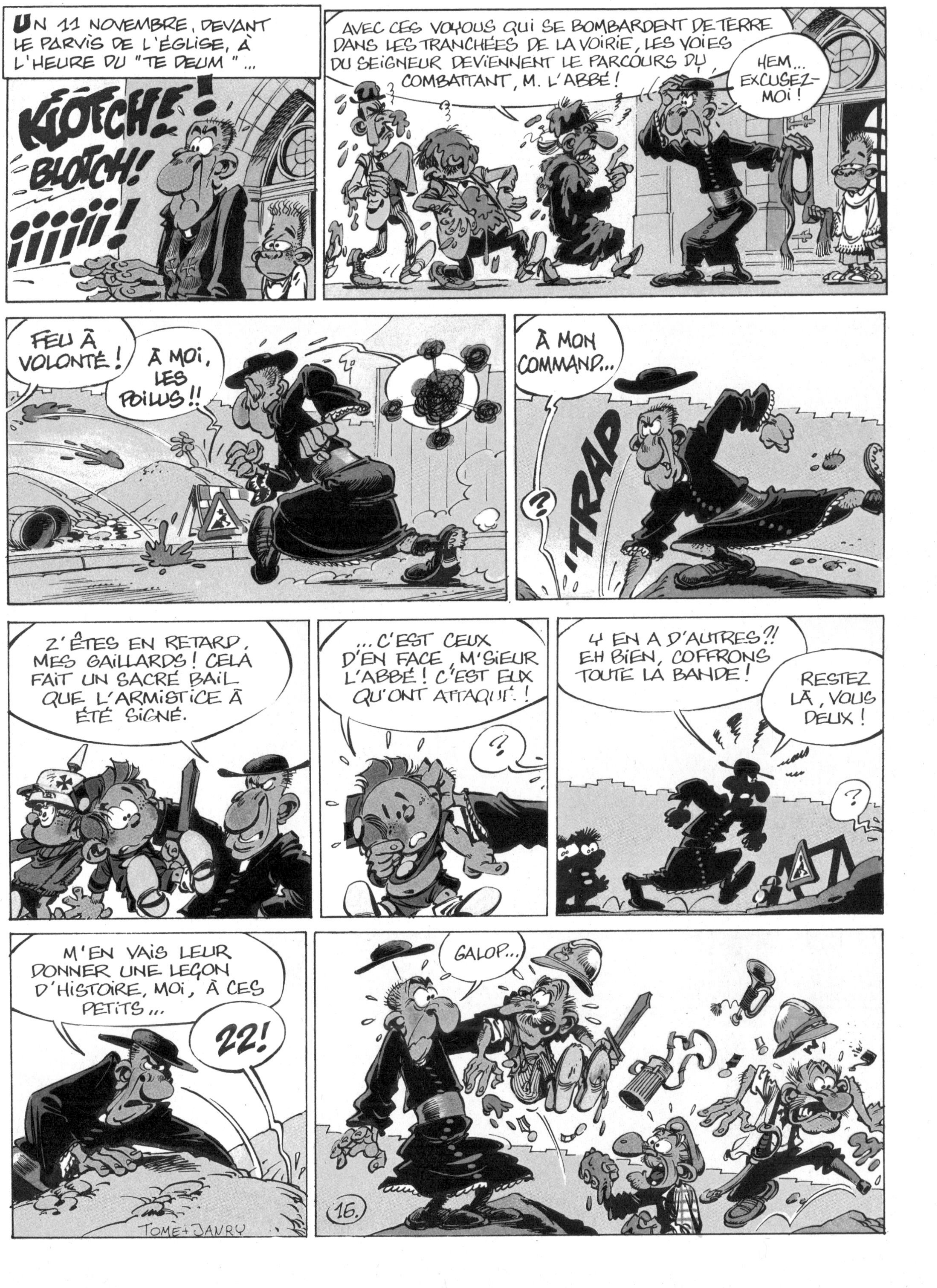

UN 11 NOVEMBRE, DEVANT LE PARVIS DE L'ÉGLISE, À L'HEURE DU "TE DEUM"...
KLOTCHE!
BLOTCH!
¡¡¡¡¡¡!
AVEC CES VOYOUS QUI SE BOMBARDENT DE TERRE DANS LES TRANCHÉES DE LA VOIRIE, LES VOIES DU SEIGNEUR DEVIENNENT LE PARCOURS DU COMBATTANT, M. L'ABBÉ !
HEM... EXCUSEZ-MOI !
FEU À VOLONTÉ !
À MOI, LES POILUS !!
À MON COMMAND...
?
TRAP
Z'ÊTES EN RETARD, MES GAILLARDS ! CELÀ FAIT UN SACRÉ BAIL QUE L'ARMISTICE À ÉTÉ SIGNÉ.
... C'EST CEUX D'EN FACE, M'SIEUR L'ABBÉ ! C'EST EUX QU'ONT ATTAQUÉ !
?
Y EN A D'AUTRES ?! EH BIEN, COFFRONS TOUTE LA BANDE !
RESTEZ LÀ, VOUS DEUX !
?
M'EN VAIS LEUR DONNER UNE LEÇON D'HISTOIRE, MOI, À CES PETITS...
22!
GALOP...
TOME + JANRY
16.

Le Petit Spirou

Tome & Janry

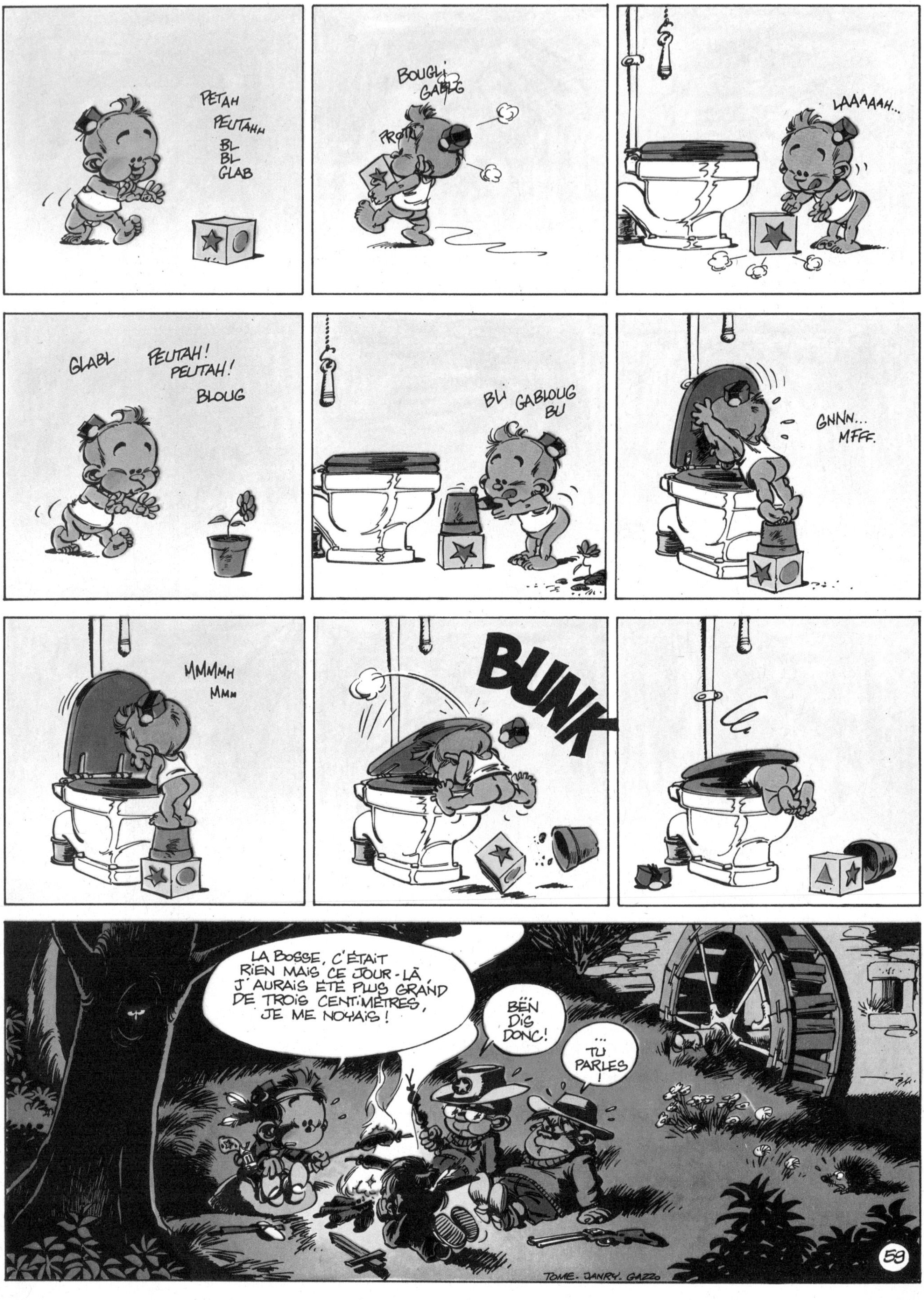
PETAH
PEUTAHH
BL
BL
GLAB
BOUGLI
GABLG
FROTT
LAAAAAH...
GLABL
PEUTAH!
PEUTAH!
BLOUG
BLI
GABLOUG
BU
GNNN...
MFFF.
MMMMH
MMM
BUNK
LA BOSSE, C'ÉTAIT RIEN MAIS CE JOUR-LÀ, J'AURAIS ÉTÉ PLUS GRAND DE TROIS CENTIMÈTRES, JE ME NOYAIS!
BÈN DIS DONC!
... TU PARLES!
TOME. JANRY. GAZZO

Le Petit Spirou

Tome & Janry

PAF
HEU... JE NETTOYAIS MON LANCE-PIERRE ET LE COUP EST PARTI TOUT SEUL...
UNE PIPE QUI AVAIT RÉSISTÉ AUX TRANCHÉES ! Z'ALLEZ FOUTRE LE MONDE EN L'AIR AVEC VOS JOUETS DE MARTIENS !!!
DONNE-MOI ÇA !
POUAH ! DU MATÉRIEL DE TERRORISTE ! VIENS DONC VOIR CE QU'ON FAISAIT DE MON TEMPS !
LÀ ! TU VOIS CE PLAN DE POMMES-DE-TERRE ? REGARDE CES PETITES BOULES...
?
TU EN PIQUES UNE SUR UNE BAGUETTE BIEN EFFILÉE, ET...
PIK
... TIENS ! REGARDE LA VIEILLE SIMONE AVEC SON CHIEN, PRÈS DE LA CHARRETTE DU PÈRE FRANÇOIS...
... ET SON CHAPEAU ?! T'AS VU CE GALURE ? TIENS, C'EST TROP TENTANT !
HOP !
ZZZZ
ZUT ! RATÉ !
JE VOUDRAIS ÊTRE VIEUX COMME TOI ! T'AS DU T'AMUSER QUAND T'ÉTAIS P'TIT COMME MOI.
GARE À MON PIED, IL POURRAIT PARTIR TOUT SEUL !
TOME & JANRY
68

Le Petit Spirou

Tome & Janry

OUAAAAAiiiiiis!!
TU SAIS... HEM... C'EST VRAIMENT SYMPA D'AVOIR DEMANDÉ À TES PARENTS DE M' EMMENER AVEC VOUS À LA MER.
"VESSIE" AUSSI A L'AIR CONTENT! REGARDE-LE! À LA PLAGE, IL FAIT TOUJOURS ÇA.
FNOUF FNOUF
?
DÈS QU'IL REPÈRE UN OBJET INSOLITE, IL SE MET D'ABORD À LE RENIFLER. ENSUITE, IL BAT DE LA QUEUE...
ET HOP! IL LE BAPTISE D'UN PETIT COUP DE TRILILI! HI HI! ÇA S'APPELLE 'MARQUER SON TERRITOIRE'.
C'EST DU JOLI!
BON! ON NE VA PAS ÉPIER UN CHIEN TOUTE LA JOURNÉE. SI ON JOUAIT?
BONNE IDÉE! JE PROPOSE DE CREUSER UN GRAND TROU!
NE T'ÉLOIGNE PAS TROP, VESSIE!
DÈS QU'IL EST ASSEZ GRAND, TU TE METS DEDANS ET JE LE REBOUCHE.
SUPER!
HI HI HI! JE SUIS TOUT BLOQUÉ!
ZUT! JE NE VOIS PLUS LE CHIEN!
HÉ! NE T'ÉLOIGNE PAS TROP QUAND MÊME, HEIN!
VEEESSIE?
?!
FNOUF FNOUF
SUZEEETTE! PAR ICI !! TON CHIEN EST ICI !!!
C'EST SYMPA DE L'AVOIR RETROUVÉ, TIENS, JE T'OFFRE UNE LIMONADE!
BONNE IDÉE! ARROSONS ÇA!

TABAC
LIBRAIRIE
LAPELURE
?
?
?
?
ALORS, TOUR DE CONTRÔLE ? OÙ SONT PASSÉS NOS APPAREILS ?
?
NAVRÉ, COMMANDANT ! LE PONT AÉRIEN A ÉTÉ INTERROMPU.
OU LE FILS DU LIBRAIRE NOUS TRAHIT, OU NOUS SOMMES VICTIMES D'UNE PIRATERIE AÉRIENNE.
POSTER
Frou Frou
magazine
TOME - JANRY
GAZZO.
71

Le Petit Spirou

Tome & Janry

... SUR LA BOUCHE ! DÉJÀ DIX AUJOURD'HUI !
SUR LA "BOUCHE" ! BEN MON VIEUX...
ELLES SE LAISSENT TOUTES FAIRE ! CE MATIN, J'AI DÉJÀ EMBRASSÉ ANGÈLE, SOPHIE, BLANDINE, SUZETTE, VÉRONIQUE, RAOULETTE ...
HEIN ? RAOULETTE AUSSI ?
JE SUIS LE ROI DU BAISER SUR LA BOUCHE ...
AAAH CRUEL
SOB
T'AS PAS PEUR DES MALADIES ?
CHOMP
QUELLES MALADIES ?
ROUGEOLE, VARICELLE, RUBÉOLE, COQUELUCHE, ROSÉOLE, OREILLONS...
GASTRO-ENTÉRITE
FAUX CROUP
QU'EST-CE C'EST QUE ÇA ?
DES INFECTIONS QUI S'ATTRAPENT PAR LA BOUCHE
T'AS UNE PROTECTION ?
HEU...
J'ARRIVE À TEMPS, ENFILE CE SAC !
MAIS... JE VAIS ÉTOUFFER !!!
PAS AVEC DES TROUS POUR LES YEUX, CE N'EST QUE DU PAPIER !
VOILÀ ! PLUS DE CONTACT, PLUS D'INFECTION ! TU PEUX EMBRASSER TANT QUE TU VEUX ...
PAS BÊTE !
LA SCARLATINE NE PASSERA PAS PAR TOI !
JE VOUDRAIS BIEN VOIR ÇA ! ELLE Y PASSERA COMME LES AUTRES !
BEN, TOI ! D'OÙ TU SORS CE SAC ???
IL TRANSPORTAIT DES ORANGES VOLÉES PAR UN PETIT VAURIEN À M. L'ABBÉ IL Y A CINQ MINUTES.
ON NE L'A PAS RECONNU MAIS GRÂCE AU SAC, IL DEVRAIT ÊTRE RAPIDEMENT RETROUVÉ ...
BAT
?
TOUT DE MÊME, RAOULETTE !
72